A. CHIUCHIÙ - M.C. FAZI - R. BAGIANTI

I VERBI ITALIANI: REGOLARI E IRREGOLARI

EDIZIONI GUERRA

Gli Autori insegnano la lingua italiana come L_2 all'Università Italiana per Stranieri di Perugia.

Fotocomposizione: TOP studio - Perugia
Stampa: Tipografia Guerra - Perugia 1985
Gli inchiostri sono del pittore Franco Venanti

Introduzione

Nel preparare e nel compilare questo manuale rivolto a discenti stranieri che si accingono allo studio della lingua italiana, si è cercato di fornire un mezzo che aiuti a far apprendere i verbi italiani rapidamente, proponendoli nel modo più chiaro possibile.

È a tutti noto che il verbo è l'elemento indispensabile di ogni discorso; l'origine stessa ne dice l'importanza: verbo viene dal latino verbum che vuol dire parola. È perciò la parola per eccellenza. Di conseguenza, una esatta conoscenza ed una esatta produzione dei vari suoni verbali sono essenziali per poter capire e farsi capire in una lingua seconda, raggiungendo così il traguardo oggi comunemente indicato con l'espressione: "abilità comunicativa".

Per la scelta dei verbi irregolari da presentare, si è scrupolosamente consultato il "Vocabolario Fondamentale della Lingua Italiana" di A. Giuseppe Sciarone e si sono elencati e presentati in ordine alfabetico tutti i verbi irregolari con un alto indice di frequenza.

Ogni verbo con la sua coniugazione viene proposto in una "scatola" in cui lo studente trova i tempi: Presente - Presente Progressivo - Imperfetto - Passato Prossimo - Passato Remoto - Futuro dell'indicativo, il tempo Presente del Condizionale, i tempi Presente e Imperfetto del Congiuntivo, il tempo Presente dell'Imperativo non da soli, ma inseriti in una frase situazionale, certamente non considerando tutti i valori semantici del verbo, ma quello che si è ritenuto il più comune nella lingua parlata.

Per dare un quadro il più possibile completo dei tempi, si sono presentati anche l'Imperfetto Indicativo e il Condizionale Presente anche se, in questi due casi, la situazione non può considerarsi completamente compiuta. Non si sono volute dare solamente le forme verbali ma presentarle in una micro-situazione.

Nella coniugazione dei verbi si sono tralasciati i pronomi personali che precedono le voci verbali di tutti i tempi perché nella lingua italiana non sono indispensabili. Sono stati messi solamente nel Presente e nell'Imperfetto del Congiuntivo in quanto, presentando ciascuno di questi due tempi alcune voci uguali, i pronomi personali sono indispensabili per la chiarezza della frase. Si è tenuto conto della grande difficoltà che lo studente straniero, specialmente lo studente anglofono incontra nell'apprendimento del Congiuntivo, non trovando l'esatto corrispondente nella propria lingua. Per questo si è evidenziato che le voci verbali del Congiuntivo sono sempre dipendenti da un altro verbo e precisamente da un verbo che esprime la soggettività p.e (Pensare - Credere - Temere - Supporre - Desiderare ecc.).

Si è messo in risalto che il Presente del Congiuntivo è preceduto solo dal Presente dell'Indicativo, mentre l'Imperfetto può essere preceduto dall'Imperfetto o dal Passato Prossimo o dal Passato Remoto dell'Indicativo.

Per quanto riguarda l'Imperativo di alcuni verbi (p.e. il verbo "Cadere"), sempre per presentare una situazione il più possibile aderente ad un messaggio reale e ricordando che generalmente con l'Imperativo si vuole esprimere un comando o un'esortazione, si è data la forma negativa e solamente in nota si è citata la forma positiva che, pur esistendo, non viene quasi mai usata.

Per il tempo progressivo e per il Passato Prossimo si è data solamente la prima persona e si sono sottintese tutte le altre per motivi di spazio e in considerazione che lo studente possa essere in grado di formarle da solo.

Si è ritenuto utile far risaltare evidenziandole tutte le voci verbali irregolari non solamente quelle proprie ma anche tutte quelle che, in qualche modo, si discostano dalla coniugazione regolare.

Non si sono presi in esame i verbi riflessivi perché si è ritenuto che non presentino difficoltà per il discente in quanto seguono la stessa coniugazione dei verbi corrispondenti regolari e irregolari.

La sola particolarità della forma riflessiva è che le voci verbali vanno immediatamente precedute dalle particelle pronominali mi - ti - si - ci - vi.

Per i verbi di cui non si è data la coniugazione ma di cui si specifica che essa è simile a quella di un altro verbo, si dà tra parentesi l'ausiliare solo quando quest'ultimo non coincida con quello del verbo preso a modello.

Con gli inchiostri, si è inteso mettere in guardia lo studente sugli errori più frequenti nella produzione della lingua italiana come L_2

In effetti da statistiche compiute su campioni di studenti di diversa provenienza, risulta che gli errori più frequenti, dovuti principalmente alla interferenza della L_1 o di un'altra lingua precedentemente studiata, riguardano appunto per l'uso dei tempi e dei modi i seguenti punti:

1) Scelta dei verbi ausiliari. 2) Scambio perfetto - imperfetto. 3) Il modo Congiuntivo. 4) L'Imperativo negativo. 5) Il Congiuntivo di-

pendente dal Condizionale. 6) Il Periodo Ipotetico.

Si è tentato di dare uno schema riassuntivo dei vari punti, atto a prevenire quegli errori e si ricorda che riuscire ad eliminare 1 errore con indice di frequenza 20, significa eliminarne 20 con indice di frequenza 1.

All'inizio del libro vengono presentate sempre inserite in una "scatola":

A) La coniugazione propria dei verbi ausiliari Essere e Avere ed il loro uso nel significato particolare di "Stare e "Possedere".

B) La coniugazione dei verbi Parlare - Temere - Sentire - Finire rispettivamente come esempio delle tre coniugazioni regolari e con un elenco dei principali verbi che si coniugano come Sentire o come Finire.

C) La coniugazione dei verbi Cercare e Pagare come esempio di verbi che all'Infinito presente terminano in -CARE e -GARE, evidenziandone le particolarità.

D) La coniugazione dei verbi Cominciare e Mangiare come esempio di verbi che all'Infinito presente terminano in -ciare e -giare, evidenziandone le particolarità.

Ci si augura che il lavoro compiuto, per l'estrema semplicità dell'esposizione e dell'esemplificazione, possa rendere più facile agli studenti stranieri l'apprendimento e l'uso dei verbi italiani.

Maria Cristina Fazi

Introduction

In preparing and compiling this text-book addressed to the foreign students who study the Italian language, we have tried to devise a method which will faciiitate the learning of Italian verbs by presenting them in the clearest way possible.

The verb is the most essential element of our language, the origin of the word itself showing its importance for the term "verbo" derives from the Latin "verbum" meaning word. It is therefore "la parola per eccellenza". Consequently correct knowledge and use of the different verb declensions are essential requirements for those wishing to understand and to be understood in a different language and in this way the aim of the student, generally indicated nowadays by the expression "comunicative ability", will be reached.

In selecting the irregular verbs presented here, we have meticulously consulted the "Vocabolario Fondamentale della Lingua Italiana" by A Giuseppe Sciarone and we have listed in alphabetical order all irregular verbs with a high degree of frequency.

Each verb with its conjugation is presented in a "box" in which the student will find the following tenses: the Present (Presente), Present Continuous (Presente Progressivo), Present Perfect (Passato Prossimo), Past Descriptive (Imperfetto), Past Absolute (Passato Remoto), Future (Futuro) of the Indicative plus the Conditional Present Mood (Condizionale Presente), the Present and Past tenses of the Subjunctive (Congiuntivo Presente e Imperfetto) and the Present tense of the Imperative (Imperativo Presente), not alone but inserted in a proper sentence as we did not wish to present the verbal forms only but also to present the verb in use. We have not however considered all the semantic values of the verb but only those we believe to be most common in the spoken language.

We have included the Past descriptive (Imperfetto) and the Conditional Present Mood (Condizionale Presente) in order to give the widest possible picture of the tenses even though in both cases the action called to mind by the verb cannot be considered to be entirely completed. In conjugating the verbs we have omitted the personal pronouns which precede the different verb endings of all tenses because they are not necessary in the Italian language. They have only been placed before the Present and Past Subjunctive (Congiuntivo Presente ed Imperfetto) because as each tense has certain endings which are the same, they are necessary to an understanding of any given sentence. We have considered the great difficulty that the foreign student, and above all the English-speaking student, finds when studying the "Subjunctive" (Congiuntivo) because the exact equivalent does not exist in his own language. For this reason ve have pointed out that the use of the Subjunctive always depends on another verb, to be precise, on a verb which expresses subjectivity (ie: Pensare, Credere, Temere, Supporre, Desiderare). We have also shown that the Present Subjunctive (Congiuntivo Presente) is only ever preceded by the Present Indicative (Indicativo Presente), while the Past subjunctive (Congiutivo Imperfetto) can be preceded by the Present Perfect (Passato Prossimo), the Past Descriptive (Imperfetto) and the Past Absolute (Passato Remoto). With regard to the Imperative of some verbs (ie Cadere), aiming always to present a situation which resembles as much as possible a real situation and remembering that with the Imperative we generally want to express an order or an exhortation, the negative form only has been presented, and only in a footnote has the positive form been mentioned, because although still existing it is hardly ever used.

For the Continuous (Progressivo) and Perfect (Passato Prossimo) tenses, both for reasons of space and in the hope that the student will be able to work out the other declensions for himself, only the first person has been given, all the others being implied.

We considered it useful to show clearly all the irregular verb declensions, not only the true irregular forms but also all those which in some way differ from the regular conjugations.

Reflexive verbs have not been listed because they are not seen as presenting any great problem for the student as they follow the same conjugations as the corresponding regular and irregular verbs. The only peculiarity of the Reflexive form is that the declensions are immediately preceded by the pronouns: "mi, ti, si, ci, vi".

For those verbs whose conjugation has not been given but which we have specified to be similar to one another, the auxiliary has been given in brackets only when the above mentioned auxiliary does not coincide with that of the verb taken as an example.

With illustrations, we have tried to put the student on his guard against the most common errors he is likely to make when speaking Italian as a second language.

Statistics gathered from samples of students of different nationalities show that the most common errors, which derive principally from the influence of the mother tongue or of another language previously studied, fall into the following categories:

1) Choice of auxiliary verb 2) Switch from Present Perfect (Passato Prossimo) to Past Descriptive (Imperfetto) 3) The Subjuctive Mood (Congiuntivo) 4) The negative Imperative (Imperativo negativo) 5) The subjunctive depending on the Conditional (Congiuntivo dipendente dal Condizionale) 6) The "if" clause (Periodo ipotetico). We have attempted to give an outline summary of the various points to help prevent these errors and it must be remembered that to succeed in eliminating for instance 1 error with a degree of frequency of 20, signifies eliminating 20 errors with a degree of frequency of 1.

The follow conjugations have been inserted in a "box" at the beginning of the book:

A) The conjugation of the auxiliary verbs "Essere" and "Avere" and their use in the particular significance of "Stare" and "Possedere".

B) The conjugation of the verbs "Parlare", "Temere", "Sentire", and "Finire" as an example of the three regular conjugations plus a list given in the front page of the main verbs conjugated like "Sentire" and "Finire".

C) The conjugation of the verbs "Cercare", and "Pagare" as an example of those verbs whose infinitives end in -CARE and -GARE.

D) The conjugation of the verbs "Cominciare" and "Mangiare" as examples of those verbs whose infinitives end in -CIARE and -GIARE.

NB: The peculiarities of C) and D) have been underlined.

We hope this work will prove to be clear making it easy for the student to understand the Italian verb system.

Maria Cristina Fazi

Sono arrivato in Italia due settimane fa

SCELTA DELL'AUSILIARE AVERE/ESSERE

1) I verbi transitivi diretti nei tempi composti della forma attiva richiedono l'ausiliare Avere.

2) I verbi alla forma passiva richiedono l'ausiliare Essere.

3) I verbi riflessivi e intransitivo-pronominali richiedono l'ausiliare Essere.

4) I verbi impersonali, indicanti fenomeni atmosferici, richiedono preferibilmente l'ausiliare Essere.
Es.: Albeggiare - Annottare - Balenare - Diluviare - Grandinare - Lampeggiare - Nevicare - Piovere - Piovigginare - Soffiare - Spiovere - Tuonare.

5) I verbi impersonali, usati solo alla III^a persona singolare, richiedono l'ausiliare Essere.
Es.: Accadere - Avvenire - Bastare - Bisognare - Capitare - Costare - Dipendere - Dispiacere - Giovare - Importare - Mancare - Occorrere - Parere - Rincrescere - Sembrare - Spettare - Succedere - Valere.

6) Alcuni verbi di moto, p. e. Avanzare - Correre - Discendere - Proseguire - Risalire - Salire - Saltare - Scendere - Scivolare - Volare, richiedono l'ausiliare Essere quando l'azione è considerata in rapporto ad un luogo espresso o sottinteso (vedi pp.: 67-149-152).

7) I verbi servili Dovere, Potere e Volere assumono l'ausiliare dell'infinito che segue (vedi pp.: 86-123-189).

8) Verbi di largo uso che richiedono l'ausiliare Essere:
Accorrere - Addivenire - Andare - Apparire - Arricchire - Arrivare - Arrossire - Avvenire - Cadere - Cascare - Comparire - Crescere - Dimagrire - Divenire - Diventare - Emergere - Entrare - Esistere - Essere - Evadere - Fiorire - Fuggire - Impazzire - Ingrassare - Intervenire - Invecchiare - Morire - Nascere - Partire - Penetrare - Pervenire - Restare - Riandare - Ricadere - Rientrare - Rimanere - Ringiovanire - Rinvigorire - Ripartire - Ritornare - Risorgere - Riuscire - Sbocciare - Scomparire - Scappare - Scoppiare - Sfuggire - Sopraggiungere - Sopravvivere - Sottostare - Sparire - Stare - Svanire - Svenire - Tornare - Uscire - Venire.

VERBI AUSILIARI

Infinito		ESSERE			
INDICATIVO	PRESENTE	**sono** **sei** **è** **siamo** **siete** **sono**			in Italia
	PRE. PRO.	[1] –			
	IMPERFETTO	**ero** **eri** **era** **eravamo** **eravate** **erano**			
	PAS. PROS.	sono	stato, a		
	PASSATO REMOTO	**fui** **fosti** **fu** **fummo** **foste** **furono**			
	FUTURO SEMPLICE	**sarò** **sarai** **sarà** **saremo** **sarete** **saranno**			
CONDIZIONALE	PRESENTE	**sarei** **saresti** **sarebbe** **saremmo** **sareste** **sarebbero**			
IMPERATIVO	PRESENTE	**sii** **sia**			gentile
		siamo **siate** **siano**			gentili
CONGIUNTIVO	PRESENTE	Pensa	che	io **sia** tu **sia** lui (lei, Lei) **sia** noi **siamo** voi **siate** loro **siano**	a casa
	IMPERFETTO	Pensava Pensò Ha pensato	che	io **fossi** tu **fossi** lui (lei, Lei) **fosse** noi **fossimo** voi **foste** loro **fossero**	

1) Il gerundio è: essendo

<table>
<tr><td colspan="2">Infinito</td><td colspan="4">AVERE</td></tr>
<tr><td rowspan="7">INDICATIVO</td><td>PRESENTE</td><td colspan="3">ho
hai
ha
abbiamo
avete
hanno</td><td rowspan="9">molta
pazienza</td></tr>
<tr><td>PRE. PRO.</td><td>sto</td><td colspan="2">avendo</td></tr>
<tr><td>IMPERFETTO</td><td colspan="3">avevo
avevi
aveva
avevamo
avevate
avevano</td></tr>
<tr><td>PAS. PROS.</td><td>ho</td><td colspan="2">avuto</td></tr>
<tr><td>PASSATO REMOTO</td><td colspan="3">ebbi
avesti
ebbe
avemmo
aveste
ebbero</td></tr>
<tr><td>FUTURO SEMPLICE</td><td colspan="3">avrò
avrai
avrà
avremo
avrete
avranno</td></tr>
<tr><td>CONDIZIONALE</td><td>PRESENTE</td><td colspan="3">avrei
avresti
avrebbe
avremmo
avreste
avrebbero</td></tr>
<tr><td>IMPERATIVO</td><td>PRESENTE</td><td colspan="3">abbi
abbia
abbiamo
abbiate
abbiano</td></tr>
<tr><td rowspan="2">CONGIUNTIVO</td><td>PRESENTE</td><td>Pensa</td><td>che</td><td>io abbia
tu abbia
lui (lei, Lei) abbia
noi abbiamo
voi abbiate
loro abbiano</td><td rowspan="2">molti
soldi</td></tr>
<tr><td>IMPERFETTO</td><td>Pensava
Pensò
Ha pensato</td><td>che</td><td>io avessi
tu avessi
lui (lei, Lei) avesse
noi avessimo
voi aveste
loro avessero</td></tr>
</table>

VERBI REGOLARI

<table>
<tr><td colspan="2">Infinito</td><td colspan="3">1ª CONIUGAZIONE -</td><td>PARL-ARE</td></tr>
<tr><td rowspan="7">INDICATIVO</td><td>PRESENTE</td><td colspan="3">parl-o
parl-i
parl-a
parl-iamo
parl-ate
parl-ano</td><td rowspan="11">bene</td></tr>
<tr><td>PRE. PRO.</td><td>sto</td><td colspan="2">parl-ando</td></tr>
<tr><td>IMPERFETTO</td><td colspan="3">parl-avo
parl-avi
parl-ava
parl-avamo
parl-avate
parl-avano</td></tr>
<tr><td>PAS. PROS.</td><td>ho</td><td colspan="2">parl-ato</td></tr>
<tr><td>PASSATO REMOTO</td><td colspan="3">parl-ai
parl-asti
parl-ò
parl-ammo
parl-aste
parl-arono</td></tr>
<tr><td>FUTURO SEMPLICE</td><td colspan="3">parl-erò
parl-erai
parl-erà
parl-eremo
parl-erete
parl-eranno</td></tr>
<tr><td colspan="4"></td></tr>
<tr><td>CONDIZIONALE</td><td>PRESENTE</td><td colspan="3">parl-erei
parl-eresti
parl-erebbe
parl-eremmo
parl-ereste
parl-erebbero</td></tr>
<tr><td>IMPERATIVO</td><td>PRESENTE</td><td colspan="3">parl-a
parl-i
parl-iamo
parl-ate
parl-ino</td></tr>
<tr><td rowspan="2">CONGIUNTIVO</td><td>PRESENTE</td><td>Pensa</td><td>che</td><td>io parl-i
tu parl-i
lui (lei, Lei) parl-i
noi parl-iamo
voi parl-iate
essi parl-ino</td></tr>
<tr><td>IMPERFETTO</td><td>Pensava
Pensò
Ha pensato</td><td>che</td><td>io parl-assi
tu parl-assi
lui (lei, Lei) parl-asse
noi parl-assimo
voi parl-aste
essi parl-assero</td></tr>
</table>

Infinito		2ª CONIUGAZIONE -			TEM-ERE
INDICATIVO	PRESENTE	tem-o tem-i tem-e tem-iamo tem-ete tem-ono			le disgrazie
	PRE. PRO.	sto	tem-endo		
	IMPERFETTO	tem-evo tem-evi tem-eva tem-evamo tem-evate tem-evano			
	PAS. PROS.	ho	tem-uto		
	PASSATO REMOTO	tem-ei (-etti) tem-esti tem-é (-ette) tem-emmo tem-este tem-erono (-ettero)			
	FUTURO SEMPLICE	tem-erò tem-erai tem-erà tem-eremo tem-erete tem-eranno			
CONDIZIONALE	PRESENTE	tem-erei tem-eresti tem-erebbe tem-eremmo tem-ereste tem-erebbero			
IMPERATIVO	PRESENTE	— tem-i tem-a tem-iamo tem-ete tem-ano			
CONGIUNTIVO	PRESENTE	Pensa	che	io tem-a tu tem-a lui (lei, Lei) tem-a noi tem-iamo voi tem-iate loro tem-ano	
	IMPERFETTO	Pensava Pensò Ha pensato	che	io tem-essi tu tem-essi lui (lei, Lei) tem-esse noi tem-essimo voi tem-este loro tem-essero	

<table>
<tr><th colspan="2">Infinito</th><th colspan="4">3ª CONIUGAZIONE - SENT-IRE - 1º GRUPPO</th></tr>
<tr><td rowspan="6">INDICATIVO</td><td>PRESENTE</td><td colspan="3">sent-o
sent-i
sent-e
sent-iamo
sent-ite
sent-ono</td><td rowspan="7">uno
strano
rumore</td></tr>
<tr><td>PRE. PRO.</td><td>sto</td><td colspan="2">sent-endo</td></tr>
<tr><td>IMPERFETTO</td><td colspan="3">sent-ivo
sent-ivi
sent-iva
sent-ivamo
sent-ivate
sent-ivano</td></tr>
<tr><td>PAS. PROS.</td><td>ho</td><td colspan="2">sent-ito</td></tr>
<tr><td>PASSATO REMOTO</td><td colspan="3">sent-ii
sent-isti
sent-í
sent-immo
sent-iste
sent-irono</td></tr>
<tr><td>FUTURO SEMPLICE</td><td colspan="3">sent-irò
sent-irai
sent-irà
sent-iremo
sent-irete
sent-iranno</td></tr>
<tr><td>CONDIZIONALE</td><td>PRESENTE</td><td colspan="3">sent-irei
sent-iresti
sent-irebbe
sent-iremmo
sent-ireste
sent-irebbero</td></tr>
<tr><td>IMPERATIVO</td><td>PRESENTE</td><td colspan="3">sent-i
sent-a
sent-iamo
sent-ite
sent-ano</td><td>ciò che
dice Paolo</td></tr>
<tr><td rowspan="2">CONGIUNTIVO</td><td>PRESENTE</td><td>Pensa</td><td>che</td><td>io sent-a
tu sent-a
lui (lei, Lei) sent-a
noi sent-iamo
voi sent-iate
loro sent-ano</td><td rowspan="2">freddo</td></tr>
<tr><td>IMPERFETTO</td><td>Pensava
Pensò
Ha pensato</td><td>che</td><td>io sent-issi
tu sent-issi
lui (lei, Lei) sent-isse
noi sent-issimo
voi sent-iste
loro sent-issero</td></tr>
</table>

VERBI CHE SI CONIUGANO COME SENTIRE

Acconsentire
Assentire
Asservire
Avvertire
Bollire
Conseguire
Consentire
Convertire
Dissentire
Divertire
Dormire
Empire
Eseguire
Fuggire
Invertire
Investire
Nutrire

Partire
Pentirsi
Pervertire
Proseguire
Rinvestire
Ripartire (partire di nuovo)
Risentire
Rivestire
Seguire
Servire
Sfuggire
Sortire (uscire per sorteggio)
Sovvertire
Susseguire
Svestire
Travestire
Vestire

Si coniugano come Finire e Sentire

Aborrire
Adempire
Apparire
Applaudire
Assorbire
Comparire
Inghiottire
Mentire
Muggire
Nutrire
Riapparire
Ricomparire
Scomparire
Tossire

Infinito	3ª CONIUGAZIONE - FIN-IRE - 2° GRUPPO				
INDICATIVO	PRESENTE	fin-isco fin-isci fin-isce fin-iamo fin-ite fin-iscono			
	PRE. PRO.	sto	fin-endo		
	IMPERFETTO	fin-ivo fin-ivi fin-iva fin-ivamo fin-ivate fin-ivano			
	PAS. PROS.	ho	fin-ito		
	PASSATO REMOTO	fin-ii fin-isti fin-í fin-immo fin-iste fin-irono			
	FUTURO SEMPLICE	fin-irò fin-irai fin-irà fin-iremo fin-irete fin-iranno			l'esercizio
CONDIZIONALE	PRESENTE	fin-irei fin-iresti fin-irebbe fin-iremmo fin-ireste fin-irebbero			
IMPERATIVO	PRESENTE	fin-isci fin-isca fin-iamo fin-ite fin-iscano			
CONGIUNTIVO	PRESENTE	Pensa	che	io fin-isca tu fin-isca lui (lei, Lei) fin-isca noi fin-iamo voi fin-iate loro fin-iscano	
	IMPERFETTO	Pensava Pensò Ha pensato	che	io fin-issi tu fin-issi lui (lei, Lei) fin-isse noi fin-issimo voi fin-iste loro fin-issero	

VERBI CHE SI CONIUGANO COME FINIRE

Abolire
Adire
Agire
Aggredire
Ardire
Arricchire
Arrossire
Asserire
Atterrire
Attribuire
Bandire
Capire
Chiarire
Colpire
Compatire
Compire
Concepire
Condire
Conferire
Contribuire
Costituire
Costruire
Custodire
Definire
Demolire
Differire
Digerire
Diminuire
Distribuire
Esaudire
Esaurire
Favorire
Ferire
Fiorire
Fornire
Garantire
Gradire
Guarire
Guarnire
Impazzire
Impedire
Infierire
Influire
Inibire
Inserire
Interferire
Intuire
Inveire
Istituire
Istruire
Patire
Perire
Preferire
Premonire
Premunire
Prestabilire
Preterire
Profferire
Proibire
Pulire
Punire
Rapire
Reagire
Retribuire
Restituire
Ricostruire
Riferire
Rinverdire
Rinvigorire
Ripartire (frazionare)
Riunire
Riverire
Ruggire
Sbalordire
Sbigottire
Scandire
Schernire
Scolpire
Seppellire
Smagrire
Smaltire
Sminuire
Sortire (stabilire col sorteggio)
Sostituire
Sparire
Spartire
Spedire
Stabilire
Starnutire
Stordire
Stupire
Subire
Suggerire
Svanire
Tradire
Trasferire
Ubbidire
Unire
Zittire

VERBI IN
– CARE
– GARE

N.B.: I verbi in ...CARE e ...GARE prendono una **h** nel tema quando la desinenza comincia per **i** o per **e**

Infinito		CERCARE			
INDICATIVO	PRESENTE	cerco cerc**hi** cerca cerc**h**iamo cercate cercano			
	PRE. PRO.	sto	cercando		
	IMPERFETTO	cercavo cercavi cercava cercavamo cercavate cercavano			
	PAS. PROS.	ho	cercato		
	PASSATO REMOTO	cercai cercasti cercò cercammo cercaste cercarono			
	FUTURO SEMPLICE	cerc**h**erò cerc**h**erai cerc**h**erà cerc**h**eremo cerc**h**erete cerc**h**eranno			di fare presto
CONDIZIONALE	PRESENTE	cerc**h**erei cerc**h**eresti cerc**h**erebbe cerc**h**eremmo cerc**h**ereste cerc**h**erebbero			
IMPERATIVO	PRESENTE	— cerca cerc**hi** cerc**h**iamo cercate cerc**h**ino			
CONGIUNTIVO	PRESENTE	Pensa	che	io cerc**hi** tu cerc**hi** lui (lei, Lei) cerc**hi** noi cerc**h**iamo voi cerc**h**iate loro cerc**h**ino	
	IMPERFETTO	Pensava Pensò Ha pensato	che	io cercassi tu cercassi lui (lei, Lei) cercasse noi cercassimo voi cercaste loro cercassero	

Infinito		PAGARE			
INDICATIVO	PRESENTE	pago pag**h**i paga pag**h**iamo pagate pagano			in contanti
	PRE. PRO.	sto	pagando		
	IMPERFETTO	pagavo pagavi pagava pagavamo pagavate pagavano			
	PAS. PROS.	ho	pagato		
	PASSATO REMOTO	pagai pagasti pagò pagammo pagaste pagarono			
	FUTURO SEMPLICE	pag**h**erò pag**h**erai pag**h**erà pag**h**eremo pag**h**erete pag**h**eranno			
CONDIZIONALE	PRESENTE	pag**h**erei pag**h**eresti pag**h**erebbe pag**h**eremmo pag**h**ereste pag**h**erebbero			
IMPERATIVO	PRESENTE	paga pag**h**i pag**h**iamo pagate pag**h**ino			
CONGIUNTIVO	PRESENTE	Pensa	che	io pag**h**i tu pag**h**i lui (lei, Lei) pag**h**i noi pag**h**iamo voi pag**h**iate loro pag**h**ino	
	IMPERFETTO	Pensava Pensò Ha pensato	che	io pagassi tu pagassi lui (lei, Lei) pagasse noi pagassimo voi pagaste loro pagassero	

VERBI IN
– CIARE
– GIARE

N.B.: Nei verbi in ...CIARE e ...GIARE la **i** del tema cade quando la desinenza comincia per **e** o per **i**.

Infinito		COMINCIARE			
INDICATIVO	PRESENTE	comincio cominc**i** comincia cominc**iamo** cominciate cominciano			
	PRE. PRO.	sto	cominciando		
	IMPERFETTO	cominciavo cominciavi cominciava cominciavamo cominciavate cominciavano			
	PAS. PROS.	ho	cominciato		
	PASSATO REMOTO	cominciai cominciasti cominciò cominciammo cominciaste cominciarono			
	FUTURO SEMPLICE	cominc**erò** cominc**erai** cominc**erà** cominc**eremo** cominc**erete** cominc**eranno**			a scrivere una lettera
CONDIZIONALE	PRESENTE	cominc**erei** cominc**eresti** cominc**erebbe** cominc**eremmo** cominc**ereste** cominc**erebbero**			
IMPERATIVO	PRESENTE	— comincia cominc**i** cominc**iamo** cominciate cominc**ino**			
CONGIUNTIVO	PRESENTE	Pensa	che	io cominc**i** tu cominc**i** lui (lei, Lei) cominc**i** noi cominc**iamo** voi cominc**iate** loro cominc**ino**	
	IMPERFETTO	Pensava Pensò Ha pensato	che	io cominciassi tu cominciassi lui (lei, Lei) cominciasse noi cominciassimo voi cominciaste loro cominciassero	

<table>
<tr><td colspan="2">Infinito</td><td colspan="4">MANGIARE</td></tr>
<tr><td rowspan="6">INDICATIVO</td><td>PRESENTE</td><td colspan="3">mangio
mang**i**
mangia
mang**iamo**
mangiate
mangiano</td><td rowspan="10">alla mensa
della
università</td></tr>
<tr><td>PRE. PRO.</td><td>sto</td><td colspan="2">mangiando</td></tr>
<tr><td>IMPERFETTO</td><td colspan="3">mangiavo
mangiavi
mangiava
mangiavamo
mangiavate
mangiavano</td></tr>
<tr><td>PAS. PROS.</td><td>ho</td><td colspan="2">mangiato</td></tr>
<tr><td>PASSATO REMOTO</td><td colspan="3">mangiai
mangiasti
mangiò
mangiammo
mangiaste
mangiarono</td></tr>
<tr><td>FUTURO SEMPLICE</td><td colspan="3">mang**erò**
mang**erai**
mang**erà**
mang**eremo**
mang**erete**
mang**eranno**</td></tr>
<tr><td>CONDIZIONALE</td><td>PRESENTE</td><td colspan="3">mang**erei**
mang**eresti**
mang**erebbe**
mang**eremmo**
mang**ereste**
mang**erebbero**</td></tr>
<tr><td>IMPERATIVO</td><td>PRESENTE</td><td colspan="3">mangia
mang**i**
mang**iamo**
mangiate
mang**ino**</td></tr>
<tr><td rowspan="2">CONGIUNTIVO</td><td>PRESENTE</td><td>Pensa</td><td>che</td><td>io mang**i**
tu mang**i**
lui (lei, Lei) mang**i**
noi mang**iamo**
voi mang**iate**
loro mang**ino**</td></tr>
<tr><td>IMPERFETTO</td><td>Pensava
Pensò
Ha pensato</td><td>che</td><td>io mangiassi
tu mangiassi
lui (lei, Lei) mangiasse
noi mangiassimo
voi mangiaste
loro mangiassero</td></tr>
</table>

VERBI IRREGOLARI

<table>
<tr><td colspan="2">Infinito</td><td colspan="4">1) ACCADERE</td></tr>
<tr><td rowspan="13">INDICATIVO</td><td rowspan="2">PRESENTE</td><td rowspan="15">mi
ti
gli
le
Le
ci
vi
gli</td><td colspan="2">accade</td><td>raramente di chiedere scusa</td></tr>
<tr><td colspan="2">accadono</td><td>sempre fatti strani</td></tr>
<tr><td>PRE. PRO.</td><td colspan="2">sta accadendo</td><td>un pò di tutto</td></tr>
<tr><td rowspan="2">IMPERFETTO</td><td colspan="2">accadeva</td><td>di non ricordare niente</td></tr>
<tr><td colspan="2">accadevano</td><td>sempre fatti nuovi</td></tr>
<tr><td rowspan="4">PASSATO PROSSIMO</td><td rowspan="2">è</td><td>accaduto</td><td>un incidente stradale</td></tr>
<tr><td>accaduta</td><td>una cosa insolita</td></tr>
<tr><td rowspan="2">sono</td><td>accaduti</td><td>episodi incredibili</td></tr>
<tr><td>accadute</td><td>tante cose negli ultimi tempi</td></tr>
<tr><td rowspan="2">PASSATO REMOTO</td><td colspan="2">accadde</td><td>di perdere il portafoglio</td></tr>
<tr><td colspan="2">accaddero</td><td>cose veramente incredibili</td></tr>
<tr><td rowspan="2">FUTURO SEMPLICE</td><td colspan="2">accadrà</td><td>qualcosa di inatteso</td></tr>
<tr><td colspan="2">accadranno</td><td>eventi imprevedibili</td></tr>
<tr><td rowspan="2">CONDIZ.</td><td rowspan="2">PRESENTE</td><td colspan="2">accadrebbe</td><td>qualcosa di bello</td></tr>
<tr><td colspan="2">accadrebbero</td><td>degli imprevisti</td></tr>
</table>

<table>
<tr><td rowspan="4">CONGIUNTIVO</td><td rowspan="2">PRESENTE</td><td rowspan="2">Pensa</td><td rowspan="4">che</td><td rowspan="4">mi
ti
gli
le
Le
ci
vi
gli</td><td>accada</td><td>qualcosa di interessante</td></tr>
<tr><td>accadano</td><td>cose spiacevoli</td></tr>
<tr><td rowspan="2">IMPERFETTO</td><td rowspan="2">Pensava
Pensò
Ha pensato</td><td>accadesse</td><td>qualcosa di nuovo</td></tr>
<tr><td>accadessero</td><td>cose piacevoli</td></tr>
</table>

1) Spesso si usa il verbo impersonale Accadere senza i pronomi indiretti. Es. Accade spesso di incontrare gente strana".

Infinito		ACCENDERE			
INDICATIVO	PRESENTE	accendo accendi accende accendiamo accendete accendono			la radio
	PRE. PRO.	sto	accendendo		
	IMPERFETTO	accendevo accendevi accendeva accendevamo accendevate accendevano			
	PAS. PROS.	ho	**acceso**		
	PASSATO REMOTO	**accesi** accendesti **accese** accendemmo accendeste **accesero**			
	FUTURO SEMPLICE	accenderò accenderai accenderà accenderemo accenderete accenderanno			
CONDIZIONALE	PRESENTE	accenderei accenderesti accenderebbe accenderemmo accendereste accenderebbero			
IMPERATIVO	PRESENTE	— accendi accenda accendiamo accendete accendano			
CONGIUNTIVO	PRESENTE	Pensa	che	io accenda tu accenda lui (lei, Lei) accenda noi accendiamo voi accendiate loro accendano	
	IMPERFETTO	Pensava Pensò Ha pensato	che	io accendessi tu accendessi lui (lei, Lei) accendesse noi accendessimo voi accendeste loro accendessero	

Infinito		ACCOGLIERE			
INDICATIVO	PRESENTE	**accolgo** **accogli** accoglie **accogliamo** accogliete **accolgono**			
	PRE. PRO.	sto	accogliendo		
	IMPERFETTO	accoglievo accoglievi accoglieva accoglievamo accoglievate accoglievano			
	PAS. PROS.	ho	**accolto**		
	PASSATO REMOTO	**accolsi** accogliesti **accolse** accogliemmo accoglieste **accolsero**			
	FUTURO SEMPLICE	accoglierò accoglierai accoglierà accoglieremo accoglierete accoglieranno			l'invito con piacere
CONDIZIONALE	PRESENTE	accoglierei accoglieresti accoglierebbe accoglieremmo accogliereste accoglierebbero			
IMPERATIVO	PRESENTE	**accogli** **accolga** **accogliamo** accogliete **accolgano**			
CONGIUNTIVO	PRESENTE	Pensa	che	io **accolga** tu **accolga** lui (lei, Lei) **accolga** noi **accogliamo** voi **accogliate** loro **accolgano**	
	IMPERFETTO	Pensava Pensò Ha pensato	che	io accogliessi tu accogliessi lui (lei, Lei) accogliesse noi accogliessimo voi accoglieste loro accogliessero	

Infinito		AGGIUNGERE			
INDICATIVO	PRESENTE	aggiungo aggiungi aggiunge aggiungiamo aggiungete aggiungono			
	PRE. PRO.	sto	aggiungendo		
	IMPERFETTO	aggiungevo aggiungevi aggiungeva aggiungevamo aggiungevate aggiungevano			
	PAS. PROS.	ho	**aggiunto**		
	PASSATO REMOTO	**aggiunsi** aggiungesti **aggiunse** aggiungemmo aggiungeste **aggiunsero**			
	FUTURO SEMPLICE	aggiungerò aggiungerai aggiungerà aggiungeremo aggiungerete aggiungeranno			un posto a tavola
CONDIZIONALE	PRESENTE	aggiungerei aggiungeresti aggiungerebbe aggiungeremmo aggiungereste aggiungerebbero			
IMPERATIVO	PRESENTE	aggiungi aggiunga aggiungiamo aggiungete aggiungano			
CONGIUNTIVO	PRESENTE	Pensa	che	io aggiunga tu aggiunga lui (lei, Lei) aggiunga noi aggiungiamo voi aggiungiate loro aggiungano	
	IMPERFETTO	Pensava Pensò Ha pensato	che	io aggiungessi tu aggiungessi lui (lei, Lei) aggiungesse noi aggiungessimo voi aggiungeste loro aggiungessero	

Infinito		AMMETTERE	
INDICATIVO	PRESENTE	ammetto ammetti ammette ammettiamo ammettete ammettono	di aver sbagliato
	PRE PRO.	sto ammettendo	
	IMPERFETTO	ammettevo ammettevi ammetteva ammettevamo ammettevate ammettevano	
	PAS. PROS.	ho **ammesso**	
	PASSATO REMOTO	**ammisi** ammettesti **ammise** ammettemmo ammetteste **ammisero**	
	FUTURO SEMPLICE	ammetterò ammetterai ammetterà ammetteremo ammetterete ammetteranno	
CONDIZIONALE	PRESENTE	ammetterei ammetteresti ammetterebbe ammetteremmo ammettereste ammetterebbero	
IMPERATIVO	PRESENTE	— ammetti ammetta ammettiamo ammettete ammettano	
CONGIUNTIVO	PRESENTE	Pensa che io ammetta tu ammetta lui (lei, Lei) ammetta noi ammettiamo voi ammettiate loro ammettano	
	IMPERFETTO	Pensava / Pensò / Ha pensato che io ammettessi tu ammettessi lui (lei, Lei) ammettesse noi ammettessimo voi ammetteste loro ammettessero	

<table>
<tr><td colspan="2">Infinito</td><td colspan="3">ANDARE</td><td></td></tr>
<tr><td rowspan="7">INDICATIVO</td><td>PRESENTE</td><td colspan="3">**vado**
vai
va
andiamo
andate
vanno</td><td rowspan="11">a casa</td></tr>
<tr><td>PRE. PRO.</td><td>sto</td><td colspan="2">andando</td></tr>
<tr><td>IMPERFETTO</td><td colspan="3">andavo
andavi
andava
andavamo
andavate
andavano</td></tr>
<tr><td>PAS. PROS.</td><td>sono</td><td colspan="2">andato, a</td></tr>
<tr><td>PASSATO REMOTO</td><td colspan="3">andai
andasti
andò
andammo
andaste
andarono</td></tr>
<tr><td>FUTURO SEMPLICE</td><td colspan="3">**andrò**
andrai
andrà
andremo
andrete
andranno</td></tr>
<tr><td>CONDIZIONALE</td><td>PRESENTE</td><td colspan="3">**andrei**
andresti
andrebbe
andremmo
andreste
andrebbero</td></tr>
<tr><td>IMPERATIVO</td><td>PRESENTE</td><td colspan="3">**va (vai-va')**
vada
andiamo
andate
vadano</td></tr>
<tr><td rowspan="2">CONGIUNTIVO</td><td>PRESENTE</td><td>Pensa</td><td>che</td><td>io **vada**
tu **vada**
lui (lei, Lei) **vada**
noi andiamo
voi andiate
loro **vadano**</td></tr>
<tr><td>IMPERFETTO</td><td>Pensava
Pensò
Ha pensato</td><td>che</td><td>io andassi
tu andassi
lui (lei, Lei) andasse
noi andassimo
voi andaste
loro andassero</td></tr>
</table>

Infinito		APPARTENERE			
INDICATIVO	PRESENTE	**appartengo** **appartieni** **appartiene** apparteniamo appartenete **appartengono**			ad un piccolo partito politico
	PRE. PRO.	sto	appartenendo		
	IMPERFETTO	appartenevo appartenevi apparteneva appartenevamo appartenevate appartenevano			
	PAS. PROS.	sono	appartenuto, a		
	PASSATO REMOTO	**appartenni** appartenesti **appartenne** appartenemmo apparteneste **appartennero**			
	FUTURO SEMPLICE	**apparterrò** **apparterrai** **apparterrà** **apparterremo** **apparterrete** **apparterranno**			
CONDIZIONALE	PRESENTE	**apparterrei** **apparterresti** **apparterrebbe** **apparterremmo** **apparterreste** **apparterrebbero**			
IMPERATIVO	PRESENTE	**appartieni** **appartenga** apparteniamo appartenete **appartengano**			
CONGIUNTIVO	PRESENTE	Pensa	che	io **appartenga** tu **appartenga** lui (lei, Lei) **appartenga** noi apparteniamo voi apparteniate loro **appartengano**	
	IMPERFETTO	Pensava Pensò Ha pensato	che	io appartenessi tu appartenessi lui (lei, Lei) appartenesse noi appartenessimo voi apparteneste loro appartenessero	

Infinito		APPENDERE			
INDICATIVO	PRESENTE	appendo appendi appende appendiamo appendete appendono			il quadro alla parete
	PRE. PRO.	sto	appendendo		
	IMPERFETTO	appendevo appendevi appendeva appendevamo appendevate appendevano			
	PAS. PROS.	ho	**appeso**		
	PASSATO REMOTO	**appesi** appendesti **appese** appendemmo appendeste **appesero**			
	FUTURO SEMPLICE	appenderò appenderai appenderà appenderemo appenderete appenderanno			
CONDIZIONALE	PRESENTE	appenderei appenderesti appenderebbe appenderemmo appendereste appenderebbero			
IMPERATIVO	PRESENTE	appendi appenda appendiamo appendete appendano			
CONGIUNTIVO	PRESENTE	Pensa	che	io appenda tu appenda lui (lei, Lei) appenda noi appendiamo voi appendiate loro appendano	
	IMPERFETTO	Pensava Pensò Ha pensato	che	io appendessi tu appendessi lui (lei, Lei) appendesse noi appendessimo voi appendeste loro appendessero	

Infinito		APPRENDERE	
INDICATIVO	PRESENTE	apprendo apprendi apprende apprendiamo apprendete apprendono	
	PRE. PRO.	sto apprendendo	
	IMPERFETTO	apprendevo apprendevi apprendeva apprendevamo apprendevate apprendevano	
	PAS. PROS.	ho **appreso**	
	PASSATO REMOTO	**appresi** apprendesti **apprese** apprendemmo apprendeste **appresero**	
	FUTURO SEMPLICE	apprenderò apprenderai apprenderà apprenderemo apprenderete apprenderanno	un buon mestiere
CONDIZIONALE	PRESENTE	apprenderei apprenderesti apprenderebbe apprenderemmo apprendereste apprenderebbero	
IMPERATIVO	PRESENTE	apprendi apprenda apprendiamo apprendete apprendano	
CONGIUNTIVO	PRESENTE	Pensa che io apprenda tu apprenda lui (lei, Lei) apprenda noi apprendiamo voi apprendiate loro apprendano	
	IMPERFETTO	Pensava / Pensò / Ha pensato che io apprendessi tu apprendessi lui (lei, Lei) apprendesse noi apprendessimo voi apprendeste loro apprendessero	

Infinito		APRIRE			
INDICATIVO	PRESENTE	apro apri apre apriamo aprite aprono			la porta
	PRE. PRO.	sto	aprendo		
	IMPERFETTO	aprivo aprivi apriva aprivamo aprivate aprivano			
	PAS. PROS.	ho	**aperto**		
	PASSATO REMOTO	aprii apristi aprí aprimmo apriste aprirono			
	FUTURO SEMPLICE	aprirò aprirai aprirà apriremo aprirete apriranno			
CONDIZIONALE	PRESENTE	aprirei apriresti aprirebbe apriremmo aprireste aprirebbero			
IMPERATIVO	PRESENTE	apri apra apriamo aprite aprano			
CONGIUNTIVO	PRESENTE	Pensa	che	io apra tu apra lui (lei, Lei) apra noi apriamo voi apriate loro aprano	
	IMPERFETTO	Pensavo Pensò Ha pensato	che	io aprissi tu aprissi lui (lei, Lei) aprisse noi aprissimo voi apriste loro aprissero	

<table>
<tr><td colspan="3">Infinito</td><td colspan="2">ASSISTERE</td><td></td></tr>
<tr><td rowspan="7">INDICATIVO</td><td>PRESENTE</td><td colspan="3">assisto
assisti
assiste
assistiamo
assistete
assistono</td><td rowspan="12">alla inaugurazione dell'anno accademico</td></tr>
<tr><td>PRE. PRO.</td><td colspan="3">sto assistendo</td></tr>
<tr><td>IMPERFETTO</td><td colspan="3">assistevo
assistevi
assisteva
assistevamo
assistevate
assistevano</td></tr>
<tr><td>PAS. PROS.</td><td colspan="3">ho assistito</td></tr>
<tr><td>PASSATO REMOTO</td><td colspan="3">assistei (- etti)
assistesti
assisté (- ette)
assistemmo
assisteste
assisterono (- ettero)</td></tr>
<tr><td>FUTURO SEMPLICE</td><td colspan="3">assisterò
assisterai
assisterà
assisteremo
assisterete
assisteranno</td></tr>
<tr><td colspan="4"></td></tr>
<tr><td>CONDIZIONALE</td><td>PRESENTE</td><td colspan="3">assisterei
assisteresti
assisterebbe
assisteremmo
assistereste
assisterebbero</td></tr>
<tr><td>IMPERATIVO</td><td>PRESENTE</td><td colspan="3">assisti
assista
assistiamo
assistete
assistano</td></tr>
<tr><td rowspan="2">CONGIUNTIVO</td><td>PRESENTE</td><td>Pensa</td><td>che</td><td>io assista
tu assista
lui (lei, Lei) assista
noi assistiamo
voi assistiate
loro assistano</td></tr>
<tr><td>IMPERFETTO</td><td>Pensava
Pensò
Ha pensato</td><td>che</td><td>io assistessi
tu assistessi
lui (lei, Lei) assistesse
noi assistessimo
voi assisteste
loro assistessero</td></tr>
</table>

Si coniugano come Assistere: Desistere - Esistere (Ess.) - Persistere.

Infinito		ASSUMERE			
INDICATIVO	PRESENTE	assumo assumi assume assumiamo assumete assumono			
	PRE. PRO.	sto	assumendo		
	IMPERFETTO	assumevo assumevi assumeva assumevamo assumevate assumevano			
	PAS. PROS.	ho	**assunto**		
	PASSATO REMOTO	**assunsi** assumesti **assunse** assumemmo assumeste **assunsero**			
	FUTURO SEMPLICE	assumerò assumerai assumerà assumeremo assumerete assumeranno			un nuovo impiegato
CONDIZIONALE	PRESENTE	assumerei assumeresti assumerebbe assumeremmo assumereste assumerebbero			
IMPERATIVO	PRESENTE	assumi assuma assumiamo assumete assumano			
CONGIUNTIVO	PRESENTE	Pensa	che	io assuma tu assuma lui (lei, Lei) assuma noi assumiamo voi assumiate loro assumano	
	IMPERFETTO	Pensava Pensò Ha pensato	che	io assumessi tu assumessi lui (lei, Lei) assumesse noi assumessimo voi assumeste loro assumessero	

Si coniuga come Assumere: Desumere - Presumere - Riassumere.

Infinito		ATTENDERE			
INDICATIVO	PRESENTE	attendo attendi attende attendiamo attendete attendono			la risposta prima di partire
	PRE. PRO.	sto	attendendo		
	IMPERFETTO	attendevo attendevi attendeva attendevamo attendevate attendevano			
	PAS. PROS.	ho	**atteso**		
	PASSATO REMOTO	**attesi** attendesti **attese** attendemmo attendeste **attesero**			
	FUTURO SEMPLICE	attenderò attenderai attenderà attenderemo attenderete attenderanno			
CONDIZIONALE	PRESENTE	attenderei attenderesti attenderebbe attenderemmo attendereste attenderebbero			
IMPERATIVO	PRESENTE	attendi attenda attendiamo attendete attendano			
CONGIUNTIVO	PRESENTE	Pensa	che	io attenda tu attenda lui (lei, Lei) attenda noi attendiamo voi attendiate loro attendano	
	IMPERFETTO	Pensava Pensò Ha pensato	che	io attendessi tu attendessi lui (lei, Lei) attendesse noi attendessimo voi attendeste loro attendessero	

Infinito		BERE			
INDICATIVO	PRESENTE	**bevo** **bevi** **beve** **beviamo** **bevete** **bevono**			una aranciata amara
	PRE. PRO.	sto	**bevendo**		
	IMPERFETTO	**bevevo** **bevevi** **beveva** **bevevamo** **bevevate** **bevevano**			
	PAS. PROS.	ho	**bevuto**		
	PASSATO REMOTO	**bevvi** **bevesti** **bevve** **bevemmo** **beveste** **bevvero**			
	FUTURO SEMPLICE	**berrò** **berrai** **berrà** **berremo** **berrete** **berranno**			
CONDIZIONALE	PRESENTE	**berrei** **berresti** **berrebbe** **berremmo** **berreste** **berrebbero**			
IMPERATIVO	PRESENTE	**bevi** **beva** **beviamo** **bevete** **bevano**			
CONGIUNTIVO	PRESENTE	Pensa	che	io **beva** tu **beva** lui (lei, Lei) **beva** noi **beviamo** voi **beviate** loro **bevano**	
	IMPERFETTO	Pensava Pensò Ha pensato	che	io **bevessi** tu **bevessi** lui (lei, Lei) **bevesse** noi **bevessimo** voi **beveste** loro **bevessero**	

Stamattina mentre il professore **spiegava,** io pensavo a te

SCAMBIO PERFETTO/IMPERFETTO

L'Imperfetto si usa per indicare:

A) Azioni contemporanee

Le due azioni avvengono nello stesso tempo: sono cioè azioni contemporanee.
Mentre *aspettavo* l'autobus, *leggevo* il giornale

Mentre il professore *parlava,* tutti gli studenti *prendevano* appunti.

B) Azioni ripetute, abituali

L'azione non avviene una sola volta, ma molte volte: si ripete nel passato.

L'anno scorso, d'inverno, Cristina *andava* a sciare tutte le domeniche.

Quando *ero* al mare, tutte le sere *uscivo* con i miei amici.

C) Incontro di due azioni.

Una azione è descritta nel suo svolgimento e l'altra sopraggiunge dopo l'inizio della prima.

Mentre *uscivo* di casa, è arrivato il postino con un telegramma.

Mentre *andavo* al centro, è cominciato a piovere.

D) Descrizione.

Si usa l'imperfetto per fare una descrizione al passato.

Era una brutta giornata senza sole e *pioveva. Ero* solo, senza amici; non *sapevo* dove andare né cosa fare per passare il tempo.

Infinito		CADERE			
INDICATIVO	PRESENTE	cado cadi cade cadiamo cadete cadono			per terra
	PRE. PRO.	sto	cadendo		
	IMPERFETTO	cadevo cadevi cadeva cadevamo cadevate cadevano			
	PAS. PROS.	sono	caduto, a		
	PASSATO REMOTO	**caddi** cadesti **cadde** cademmo cadeste **caddero**			
	FUTURO SEMPLICE	**cadrò** **cadrai** **cadrà** **cadremo** **cadrete** **cadranno**			
CONDIZIONALE	PRESENTE	**cadrei** **cadresti** **cadrebbe** **cadremmo** **cadreste** **cadrebbero**			
IMPERATIVO	PRESENTE	non	cadere (1) cada cadiamo cadete cadano		
CONGIUNTIVO	PRESENTE	Pensa	che	io cada tu cada lui (lei, Lei) cada noi cadiamo voi cadiate loro cadano	
	IMPERFETTO	Pensava Pensò Ha pensato	che	io cadessi tu cadessi lui (lei, Lei) cadesse noi cadessimo voi cadeste loro cadessero	

Si coniuga come Cadere: Decadere - Ricadere - Scadere.
(1) - L'imperativo positivo di II persona singolare è: "cadi".

Infinito		CHIEDERE			
INDICATIVO	PRESENTE	chiedo chiedi chiede chiediamo chiedete chiedono			un favore a Paolo
INDICATIVO	PRE. PRO.	sto	chiedendo		
INDICATIVO	IMPERFETTO	chiedevo chiedevi chiedeva chiedevamo chiedevate chiedevano			
INDICATIVO	PAS. PROS.	ho	**chiesto**		
INDICATIVO	PASSATO REMOTO	**chiesi** chiedesti **chiese** chiedemmo chiedeste **chiesero**			
INDICATIVO	FUTURO SEMPLICE	chiederò chiederai chiederà chiederemo chiederete chiederanno			
CONDIZIONALE	PRESENTE	chiederei chiederesti chiederebbe chiederemmo chiedereste chiederebbero			
IMPERATIVO	PRESENTE	— chiedi chieda chiediamo chiedete chiedano			
CONGIUNTIVO	PRESENTE	Pensa	che	io chieda tu chieda lui (lei, Lei) chieda noi chiediamo voi chiediate loro chiedano	
CONGIUNTIVO	IMPERFETTO	Pensava Pensò Ha pensato	che	io chiedessi tu chiedessi lui (lei, Lei) chiedesse noi chiedessimo voi chiedeste loro chiedessero	

Si coniuga come Chiedere: ***Richiedere.***

<table>
<tr><td colspan="3">Infinito</td><td colspan="3">CHIUDERE</td></tr>
<tr><td rowspan="7">INDICATIVO</td><td>PRESENTE</td><td colspan="3">chiudo
chiudi
chiude
chiudiamo
chiudete
chiudono</td><td rowspan="11">la porta
a chiave</td></tr>
<tr><td>PRE. PRO.</td><td>sto</td><td colspan="2">chiudendo</td></tr>
<tr><td>IMPERFETTO</td><td colspan="3">chiudevo
chiudevi
chiudeva
chiudevamo
chiudevate
chiudevano</td></tr>
<tr><td>PAS. PROS.</td><td>ho</td><td colspan="2">chiuso</td></tr>
<tr><td>PASSATO REMOTO</td><td colspan="3">chiusi
chiudesti
chiuse
chiudemmo
chiudeste
chiusero</td></tr>
<tr><td>FUTURO SEMPLICE</td><td colspan="3">chiuderò
chiuderai
chiuderà
chiuderemo
chiuderete
chiuderanno</td></tr>
<tr><td colspan="4"></td></tr>
<tr><td>CONDIZIONALE</td><td>PRESENTE</td><td colspan="3">chiuderei
chiuderesti
chiuderebbe
chiuderemmo
chiudereste
chiuderebbero</td></tr>
<tr><td>IMPERATIVO</td><td>PRESENTE</td><td colspan="3">chiudi
chiuda
chiudiamo
chiudete
chiudano</td></tr>
<tr><td rowspan="2">CONGIUNTIVO</td><td>PRESENTE</td><td>Pensa</td><td>che</td><td>io chiuda
tu chiuda
lui (lei, Lei) chiuda
noi chiudiamo
voi chiudiate
loro chiudano</td></tr>
<tr><td>IMPERFETTO</td><td>Pensava
Pensò
Ha pensato</td><td>che</td><td>io chiudessi
tu chiudessi
lui (lei, Lei) chiudesse
noi chiudessimo
voi chiudeste
loro chiudessero</td></tr>
</table>

Si coniugano come Chiudere: Accludere - Alludere - Deludere - Eludere - Illudere - Includere - Racchiudere - Rinchiudere.

<table>
<tr><td colspan="2">Infinito</td><td colspan="3">COGLIERE</td><td></td></tr>
<tr><td rowspan="7">INDICATIVO</td><td>PRESENTE</td><td colspan="3">colgo
cogli
coglie
cogliamo
cogliete
colgono</td><td rowspan="11">i fiori

in giardino</td></tr>
<tr><td>PRE. PRO.</td><td>sto</td><td colspan="2">cogliendo</td></tr>
<tr><td>IMPERFETTO</td><td colspan="3">coglievo
coglievi
coglieva
coglievamo
coglievate
coglievano</td></tr>
<tr><td>PAS. PROS.</td><td>ho</td><td colspan="2">colto</td></tr>
<tr><td>PASSATO REMOTO</td><td colspan="3">colsi
cogliesti
colse
cogliemmo
coglieste
colsero</td></tr>
<tr><td>FUTURO SEMPLICE</td><td colspan="3">coglierò
coglierai
coglierà
coglieremo
coglierete
coglieranno</td></tr>
<tr><td>CONDIZIONALE</td><td>PRESENTE</td><td colspan="3">coglierei
coglieresti
coglierebbe
coglieremmo
cogliereste
coglierebbero</td></tr>
<tr><td>IMPERATIVO</td><td>PRESENTE</td><td colspan="3">cogli
colga
cogliamo
cogliete
colgano</td></tr>
<tr><td rowspan="2">CONGIUNTIVO</td><td>PRESENTE</td><td>Pensa</td><td>che</td><td>io colga
tu colga
lui (lei, Lei) colga
noi cogliamo
voi cogliate
loro colgano</td></tr>
<tr><td>IMPERFETTO</td><td>Pensava
Pensò
Ha pensato</td><td>che</td><td>io cogliessi
tu cogliessi
lui (lei, Lei) cogliesse
noi cogliessimo
voi coglieste
loro cogliessero</td></tr>
</table>

Si coniugano come Cogliere: Distogliere - Sciogliere.

Infinito		COMMETTERE	
INDICATIVO	PRESENTE	commetto commetti commette commettiamo commettete commettono	gravi errori
	PRE. PRO.	sto commettendo	
	IMPERFETTO	commettevo commettevi commetteva commettevamo commettevate commettevano	
	PAS. PROS.	ho **commesso**	
	PASSATO REMOTO	**commisi** commettesti **commise** commettemmo commetteste **commisero**	
	FUTURO SEMPLICE	commetterò commetterai commetterà commetteremo commetterete commetteranno	
CONDIZIONALE	PRESENTE	commetterei commetteresti commetterebbe commetteremmo commettereste commetterebbero	
IMPERATIVO	PRESENTE	non commettere (1) commetta commettiamo commettete commettano	
CONGIUNTIVO	PRESENTE	Pensa che io commetta tu commetta lui (lei, Lei) commetta noi commettiamo voi commettiate loro commettano	
	IMPERFETTO	Pensava / Pensò / Ha pensato che io commettessi tu commettessi lui (lei, Lei) commettesse noi commettessimo voi commetteste loro commettessero	

(1) - L'imperativo positivo di II pers. singolare è: "commetti".

Infinito		COMPARIRE			
INDICATIVO	PRESENTE	**compaio** (- risco) compari (- risci) compare (- risce) compariamo comparite **compaiono** (- riscono)			
	PRE. PRO.	sto	comparendo		
	IMPERFETTO	comparivo comparivi compariva comparivamo comparivate comparivano			
	PAS. PROS.	sono	**comparso**, a		
	PASSATO REMOTO	comparii **(arsi, arvi)** comparisti comparí **(arse, arve)** comparimmo compariste comparirono **(arsero, arvero)**			
	FUTURO SEMPLICE	comparirò comparirai comparirà compariremo comparirete compariranno			in pubblico
CONDIZIONALE	PRESENTE	comparirei compariresti comparirebbe compariremmo comparireste comparirebbero			
IMPERATIVO	PRESENTE	compari (- risci) **compaia** (- risca) compariamo comparite **compaiano** (- riscano)			
CONGIUNTIVO	PRESENTE	Pensa	che	io **compaia** (- risca) tu **compaia** (- risca) lui (lei, Lei) **compaia** (-risca) noi compariamo voi compariate loro **compaiano** (-riscano)	
	IMPERFETTO	Pensava Pensò Ha pensato	che	io comparissi tu comparissi lui (lei, Lei) comparisse noi comparissimo voi compariste loro comparissero	

Si coniugano come Comparire: Apparire - Scomparire.

Infinito		COMPIERE			
INDICATIVO	PRESENTE	compio **compi** compie **compiamo** compiete compiono			una buona azione
	PRE. PRO.	sto	compiendo		
	IMPERFETTO	**compivo** **compivi** **compiva** **compivamo** **compivate** **compivano**			
	PAS. PROS.	ho	compiuto		
	PASSATO REMOTO	**compii** **compisti** **compí** **compimmo** **compiste** **compirono**			
	FUTURO SEMPLICE	**compirò** **compirai** **compirà** **compiremo** **compirete** **compiranno**			
CONDIZIONALE	PRESENTE	**compirei** **compiresti** **compirebbe** **compiremmo** **compireste** **compirebbero**			
IMPERATIVO	PRESENTE	**compi** compia **compiamo** **compite** compiano			
CONGIUNTIVO	PRESENTE	Pensa	che	io compia tu compia lui (lei, Lei) compia **noi compiamo** **voi compiate** loro compiano	
	IMPERFETTO	Pensava Pensò Ha pensato	che	io **compissi** tu **compissi** lui (lei, Lei) **compisse** noi **compissimo** voi **compiste** loro **compissero**	

Si coniuga come Compiere: Adempiere.

Infinito		COMPORRE	
INDICATIVO	PRESENTE	**compongo** **componi** **compone** **componiamo** **componete** **compongono**	
	PRE. PRO.	sto **componendo**	
	IMPERFETTO	**componevo** **componevi** **componeva** **componevamo** **componevate** **componevano**	
	PAS. PROS.	ho **composto**	
	PASSATO REMOTO	**composi** **componesti** **compose** **componemmo** **componeste** **composero**	
	FUTURO SEMPLICE	**comporrò** **comporrai** **comporrà** **comporremo** **comporrete** **comporranno**	una sinfonia
CONDIZIONALE	PRESENTE	**comporrei** **comporresti** **comporrebbe** **comporremmo** **comporreste** **comporrebbero**	
IMPERATIVO	PRESENTE	**componi** **componga** **componiamo** **componete** **compongano**	
CONGIUNTIVO	PRESENTE	Pensa che io **componga** tu **componga** lui (lei, Lei) **componga** noi **componiamo** voi **componiate** loro **compongano**	
	IMPERFETTO	Pensava / Pensò / Ha pensato che io **componessi** tu **componessi** lui (lei, Lei) **componesse** noi **componessimo** voi **componeste** loro **componessero**	

Infinito		COMPRENDERE	
INDICATIVO	PRESENTE	comprendo comprendi comprende comprendiamo comprendete comprendono	
	PRE. PRO.	sto comprendendo	
	IMPERFETTO	comprendevo comprendevi comprendeva comprendevamo comprendevate comprendevano	
	PAS. PROS.	ho **compreso**	
	PASSATO REMOTO	**compresi** comprendesti **comprese** comprendemmo comprendeste **compresero**	
	FUTURO SEMPLICE	comprenderò comprenderai comprenderà comprenderemo comprenderete comprenderanno	tutte le parole
CONDIZIONALE	PRESENTE	comprenderei comprenderesti comprenderebbe comprenderemmo comprendereste comprenderebbero	
IMPERATIVO	PRESENTE	comprendi comprenda comprendiamo comprendete comprendano	
CONGIUNTIVO	PRESENTE	Pensa che io comprenda tu comprenda lui (lei, Lei) comprenda noi comprendiamo voi comprendiate loro comprendano	
	IMPERFETTO	Pensava / Pensò / Ha pensato che io comprendessi tu comprendessi lui (lei, Lei) comprendesse noi comprendessimo voi comprendeste loro comprendessero	

Infinito		CONCEDERE			
INDICATIVO	PRESENTE	concedo concedi concede concediamo concedete concedono			
	PRE. PRO.	sto	concedendo		
	IMPERFETTO	concedevo concedevi concedeva concedevamo concedevate concedevano			
	PAS. PROS.	ho	**concesso**		
	PASSATO REMOTO	**concessi** concedesti **concesse** concedemmo concedeste **concessero**			
	FUTURO SEMPLICE	concederò concederai concederà concederemo concederete concederanno			un prestito all'amico
CONDIZIONALE	PRESENTE	concederei concederesti concederebbe concederemmo concedereste concederebbero			
IMPERATIVO	PRESENTE	concedi conceda concediamo concedete concedano			
CONGIUNTIVO	PRESENTE	Pensa	che	io conceda tu conceda lui (lei, Lei) conceda noi concediamo voi concediate loro concedano	
	IMPERFETTO	Pensava Pensò Ha pensato	che	io concedessi tu concedessi lui (lei, Lei) concedesse noi concedessimo voi concedeste loro concedessero	

Si coniuga come Concedere: Retrocedere (ess./av.).

Infinito		CONCLUDERE			
INDICATIVO	PRESENTE	concludo concludi conclude concludiamo concludete concludono			un buon affare
	PRE. PRO.	sto	concludendo		
	IMPERFETTO	concludevo concludevi concludeva concludevamo concludevate concludevano			
	PAS. PROS.	ho	**concluso**		
	PASSATO REMOTO	**conclusi** concludesti **concluse** concludemmo concludeste **conclusero**			
	FUTURO SEMPLICE	concluderò concluderai concluderà concluderemo concluderete concluderanno			
CONDIZIONALE	PRESENTE	concluderei concluderesti concluderebbe concluderemmo concludereste concluderebbero			
IMPERATIVO	PRESENTE	concludi concluda concludiamo concludete concludano			
CONGIUNTIVO	PRESENTE	Pensa	che	io concluda tu concluda lui (lei, Lei) concluda noi concludiamo voi concludiate loro concludano	
	IMPERFETTO	Pensava Pensò Ha pensato	che	io concludessi tu concludessi lui (lei, Lei) concludesse noi concludessimo voi concludeste loro concludessero	

<table>
<tr><td colspan="2">Infinito</td><td colspan="3">CONDURRE</td><td></td></tr>
<tr><td rowspan="7">INDICATIVO</td><td>PRESENTE</td><td colspan="3">conduco
conduci
conduce
conduciamo
conducete
conducono</td><td rowspan="11">i figli

a scuola</td></tr>
<tr><td>PRE. PRO.</td><td>sto</td><td colspan="2">conducendo</td></tr>
<tr><td>IMPERFETTO</td><td colspan="3">conducevo
conducevi
conduceva
conducevamo
conducevate
conducevano</td></tr>
<tr><td>PAS. PROS.</td><td>ho</td><td colspan="2">condotto</td></tr>
<tr><td>PASSATO REMOTO</td><td colspan="3">condussi
conducesti
condusse
conducemmo
conduceste
condussero</td></tr>
<tr><td>FUTURO SEMPLICE</td><td colspan="3">condurrò
condurrai
condurrà
condurremo
condurrete
condurranno</td></tr>
<tr><td colspan="4"></td></tr>
<tr><td>CONDIZIONALE</td><td>PRESENTE</td><td colspan="3">condurrei
condurresti
condurrebbe
condurremmo
condurreste
condurrebbero</td></tr>
<tr><td>IMPERATIVO</td><td>PRESENTE</td><td colspan="3">conduci
conduca
conduciamo
conducete
conducano</td></tr>
<tr><td rowspan="2">CONGIUNTIVO</td><td>PRESENTE</td><td>Pensa</td><td>che</td><td>io conduca
tu conduca
lui (lei, Lei) conduca
noi conduciamo
voi conduciate
loro conducano</td></tr>
<tr><td>IMPERFETTO</td><td>Pensava
Pensò
Ha pensato</td><td>che</td><td>io conducessi
tu conducessi
lui (lei, Lei) conducesse
noi conducessimo
voi conduceste
loro conducessero</td></tr>
</table>

Si coniugano come Condurre: Addurre - Dedurre - Introdurre - Sedurre.

Infinito		CONFONDERE		
INDICATIVO	PRESENTE	confondo confondi confonde confondiamo confondete confondono		
	PRE. PRO.	sto	confondendo	
	IMPERFETTO	confondevo confondevi confondeva confondevamo confondevate confondevano		
	PAS. PROS.	ho	**confuso**	
	PASSATO REMOTO	**confusi** confondesti **confuse** confondemmo confondeste **confusero**		
	FUTURO SEMPLICE	confonderò confonderai confonderà confoderemo confonderete confonderanno		il sacro con il profano
CONDIZIONALE	PRESENTE	confonderei confonderesti confonderebbe confonderemmo confondereste confonderebbero		
IMPERATIVO	PRESENTE	non	confondere (1) confonda confondiamo confondete confondano	
CONGIUNTIVO	PRESENTE	Pensa	che	io confonda tu confonda lui (lei, Lei) confonda noi confondiamo voi confondiate loro confondano
	IMPERFETTO	Pensava Pensò Ha pensato	che	io confondessi tu confondessi lui (lei, Lei,) confondesse noi confondessimo voi confondeste loro confondessero

Si coniuga come Confondere: Fondere.
(1) - L'imperativo positivo di II persona singolare è: "confondi".

Infinito		CONOSCERE			
INDICATIVO	PRESENTE	conosco conosci conosce conosciamo conoscete conoscono			molta gente
	PRE. PRO.	sto	conoscendo		
	IMPERFETTO	conoscevo conoscevi conosceva conoscevamo conoscevate conoscevano			
	PAS. PROS.	ho	**conosciuto**		
	PASSATO REMOTO	**conobbi** conoscesti **conobbe** conoscemmo conosceste **conobbero**			
	FUTURO SEMPLICE	conoscerò conoscerai conoscerà conosceremo conoscerete conosceranno			
CONDIZIONALE	PRESENTE	conoscerei conosceresti conoscerebbe conosceremmo conoscereste conoscerebbero			
IMPERATIVO	PRESENTE	conosci conosca conosciamo conoscete conoscano			
CONGIUNTIVO	PRESENTE	Pensa	che	io conosca tu conosca lui (lei, Lei) conosca noi conosciamo voi conosciate loro conoscano	
	IMPERFETTO	Pensava Pensò Ha pensato	che	io conoscessi tu conoscessi lui (lei, Lei) conoscesse noi conoscessimo voi conosceste loro conoscessero	

Si coniugano come Conoscere: Disconoscere - Misconoscere.

Infinito		CONVENIRE			il prezzo d'acquisto
INDICATIVO	PRESENTE	**convengo** **convieni** **conviene** conveniamo convenite **convengono**			
	PRE. PRO.	sto	convenendo		
	IMPERFETTO	convenivo convenivi conveniva convenivamo convenivate convenivano			
	PAS. PROS.	(1) ho	**convenuto**		
	PASSATO REMOTO	**convenni** convenisti **convenne** convenimmo conveniste **convennero**			
	FUTURO SEMPLICE	**converrò** **converrai** **converrà** **converremo** **converrete** **converranno**			
CONDIZIONALE	PRESENTE	**converrei** **converresti** **converrebbe** **converremmo** **converreste** **converrebbero**			
IMPERATIVO	PRESENTE	**convieni** **convenga** conveniamo convenite **convengano**			
CONGIUNTIVO	PRESENTE	Pensa	che	io **convenga** tu **convenga** lui (lei, Lei) **convenga** noi conveniamo voi conveniate loro **convengano**	
	IMPERFETTO	Pensava Pensò Ha pensato	che	io convenissi tu convenissi lui (lei, Lei) convenisse noi convenissimo voi conveniste loro convenissero	

(1) Si usa l'aus. essere quando Convenire significa Radunarsi o quando è usato impersonalmente.

Infinito		CONVINCERE			
INDICATIVO	PRESENTE	convinco convinci convince convinciamo convincete convincono			Paolo a tentare l'esame
	PRE. PRO.	sto	convincendo		
	IMPERFETTO	convincevo convincevi convinceva convicevamo convincevate convicevano			
	PAS. PROS.	ho	**convinto**		
	PASSATO REMOTO	**convinsi** convincesti **convinse** convicemmo conviceste **convinsero**			
	FUTURO SEMPLICE	convincerò convincerai convincerà convinceremo convincerete convinceranno			
CONDIZIONALE	PRESENTE	convincerei convinceresti convincerebbe convinceremmo convincereste convincerebbero			
IMPERATIVO	PRESENTE	convinci convinca convinciamo convincete convincano			
CONGIUNTIVO	PRESENTE	Pensa	che	io convinca tu convinca lui (lei, Lei) convinca noi convinciamo voi convinciate loro convincano	
	IMPERFETTO	Pensava Pensò Ha pensato	che	io convincessi tu convincessi lui (lei, Lei) convincesse noi convincessimo voi convinceste loro convincessero	

Infinito		COPRIRE			
INDICATIVO	PRESENTE	copro copri copre copriamo coprite coprono			
	PRE. PRO.	sto	coprendo		
	IMPERFETTO	coprivo coprivi copriva coprivamo coprivate coprivano			
	PAS. PROS.	ho	**coperto**		
	PASSATO REMOTO	coprii copristi coprí coprimmo copriste coprirono			
	FUTURO SEMPLICE	coprirò coprirai coprirà copriremo coprirete copriranno			il pavimen- to con un tappeto
CONDIZIONALE	PRESENTE	coprirei copriresti coprirebbe copriremmo coprireste coprirebbero			
IMPERATIVO	PRESENTE	copri copra copriamo coprite coprano			
CONGIUNTIVO	PRESENTE	Pensa	che	io copra tu copra lui (lei, Lei) copra noi copriamo voi copriate loro coprano	
	IMPERFETTO	Pensava Pensò Ha pensato	che	io coprissi tu coprissi lui (lei, Lei) coprisse noi coprissimo voi copriste loro coprissero	

Si coniuga come Coprire: Ricoprire.

Infinito		CORREGGERE			
INDICATIVO	PRESENTE	correggo correggi corregge correggiamo correggete correggono			
	PRE. PRO.	sto	correggendo		
	IMPERFETTO	correggevo correggevi correggeva correggevamo correggevate correggevano			
	PAS. PROS.	ho	**corretto**		
	PASSATO REMOTO	**corressi** correggesti **corresse** correggemmo correggeste **corressero**			
	FUTURO SEMPLICE	correggerò correggerai correggerà correggeremo correggerete correggeranno			l'esercizio
CONDIZIONALE	PRESENTE	correggerei correggeresti correggerebbe correggeremmo correggereste correggerebbero			
IMPERATIVO	PRESENTE	— correggi corregga correggiamo correggete correggano			
CONGIUNTIVO	PRESENTE	Pensa	che	io corregga tu corregga lui (lei, Lei) corregga noi correggiamo voi correggiate loro correggano	
	IMPERFETTO	Pensava Pensò Ha pensato	che	io correggessi tu correggessi lui (lei, Lei) correggesse noi correggessimo voi correggeste loro correggessero	

Infinito		CORRERE	
INDICATIVO	PRESENTE	corro corri corre corriamo correte corrono	
	PRE. PRO.	sto correndo	alla stazione
	IMPERFETTO	correvo correvi correva correvamo correvate correvano	
	PAS. PROS.	ho **corso**	per tre ore
		sono **corso, a** (1)	
	PASSATO REMOTO	**corsi** corresti **corse** corremmo corrreste **corsero**	
	FUTURO SEMPLICE	correrò correrai correrà correremo correrete correranno	alla stazione
CONDIZIONALE	PRESENTE	correrei correresti correrebbe correremmo correreste correrebbero	
IMPERATIVO	PRESENTE	— corri corra corriamo correte corrano	
CONGIUNTIVO	PRESENTE	Pensa che io corra tu corra lui (lei, Lei) corra noi corriamo voi corriate loro corrano	*(1) - Si usa l'aus. essere quando l'azione è considerata in rapporto ad un luogo espresso o sottinteso.*
	IMPERFETTO	Pensò / Pensava / Ha pensato che io corressi tu corressi lui (lei, Lei) corresse noi corressimo voi correste loro corressero	

Si coniugano come Correre: Accorrere (ess.), Concorrere (av.), Discorrere (av.), Percorrere (av.), Rincorrere (av.), Scorrere (av./ess.), Soccorrere (av.).

Infinito		CORROMPERE			
INDICATIVO	PRESENTE	corrompo corrompi corrompe corrompiamo corrompete corrompono			il funzio- nario
	PRE. PRO.	sto	corrompendo		
	IMPERFETTO	corrompevo corrompevi corrompeva corrompevamo corrompevate corrompevano			
	PAS. PROS.	ho	**corrotto**		
	PASSATO REMOTO	**corruppi** corrompesti **corruppe** corrompemmo corrompeste **corruppero**			
	FUTURO SEMPLICE	corromperò corromperai corromperà corromperemo corromperete corromperanno			
CONDIZIONALE	PRESENTE	corromperei corromperesti corromperebbe corromperemmo corrompereste corromperebbero			
IMPERATIVO	PRESENTE	— corrompi corrompa corrompiamo corrompete corrompano			
CONGIUNTIVO	PRESENTE	Pensa	che	io corrompa tu corrompa lui (lei, Lei) corrompa noi corrompiamo voi corrompiate loro corrompano	
	IMPERFETTO	Pensò Pensava Ha pensato	che	io corrompessi tu corrompessi lui (lei, Lei) corrompesse noi corrompessimo voi corrompeste loro corrompessero	

Infinito		COSTRINGERE	
INDICATIVO	PRESENTE	costringo costringi costringe costringiamo costringete costringono	
	PRE. PRO.	sto costringendo	
	IMPERFETTO	costringevo costringevi costringeva costringevamo costringevate costringevano	
	PAS. PROS.	ho **costretto**	
	PASSATO REMOTO	**costrinsi** costringesti **costrinse** costringemmo costringeste **costrinsero**	
	FUTURO SEMPLICE	costringerò costringerai costringerà costringeremo costringerete costringeranno	Paola a mangiare
CONDIZIONALE	PRESENTE	costringerei costringeresti costringerebbe costringeremmo costringereste costringerebbero	
IMPERATIVO	PRESENTE	— costringi costringa costringiamo costringete costringano	
CONGIUNTIVO	PRESENTE	Pensa che io costringa tu costringa lui (lei, Lei) costringa noi costringiamo voi costringiate loro costringano	
	IMPERFETTO	Pensò / Pensava / Ha pensato che io costringessi tu costringessi lui (lei, Lei) costringesse noi costringessimo voi costringeste loro costringessero	

Infinito		CRESCERE			
INDICATIVO	PRESENTE	cresco cresci cresce cresciamo crescete crescono			
	PRE. PRO.	sto	crescendo		
	IMPERFETTO	crescevo crescevi cresceva crescevamo crescevate crescevano			
	PAS. PROS.	sono	**cresciuto, a**		
	PASSATO REMOTO	**crebbi** crescesti **crebbe** crescemmo cresceste **crebbero**			
	FUTURO SEMPLICE	crescerò crescerai crescerà cresceremo crescerete cresceranno			con buoni principi
CONDIZIONALE	PRESENTE	crescerei cresceresti crescerebbe cresceremmo crescereste crescerebbero			
IMPERATIVO	PRESENTE	cresci cresca cresciamo crescete crescano			
CONGIUNTIVO	PRESENTE	Pensa	che	io cresca tu cresca lui (lei, Lei) cresca noi cresciamo voi cresciate loro crescano	
	IMPERFETTO	Pensò Pensava Ha pensato	che	io crescessi tu crescessi lui (lei, Lei) crescesse noi crescessimo voi cresceste loro crescessero	

Si coniugano come Crescere: Accrescere (av.), Ricrescere (ess.)

Infinito		DARE			
INDICATIVO	PRESENTE	do **dai** **dà** diamo date **danno**			il buon esempio
	PRE. PRO.	sto	dando		
	IMPERFETTO	davo davi dava davamo davate davano			
	PAS. PROS.	ho	dato		
	PASSATO REMOTO	**diedi (detti)** **desti** **diede (dette)** **demmo** **deste** **diedero (dettero)**			
	FUTURO SEMPLICE	**darò** **darai** **darà** **daremo** **darete** **daranno**			
CONDIZIONALE	PRESENTE	**darei** **daresti** **darebbe** **daremmo** **dareste** **darebbero**			
IMPERATIVO	PRESENTE	**dà, (dai-da')** **dia** diamo date **diano**			
CONGIUNTIVO	PRESENTE	Pensa	che	io **dia** tu **dia** lui (lei, Lei) **dia** noi diamo voi diate loro **diano**	
	IMPERFETTO	Pensò Pensava Ha pensato	che	io **dessi** tu **dessi** lui (lei, Lei) **desse** noi **dessimo** voi **deste** loro **dessero**	

Si coniuga come Dare: Ridare.

Infinito		DECIDERE			
INDICATIVO	PRESENTE	decido decidi decide decidiamo decidete decidono			
	PRE. PRO.	sto	decidendo		
	IMPERFETTO	decidevo decidevi decideva decidevamo decidevate decidevano			
	PAS. PROS.	ho	**deciso**		
	PASSATO REMOTO	**decisi** decidesti **decise** decidemmo decideste **decisero**			
	FUTURO SEMPLICE	deciderò deciderai deciderà decideremo deciderete decideranno			di partire in aereo
CONDIZIONALE	PRESENTE	deciderei decideresti deciderebbe decideremmo decidereste deciderebbero			
IMPERATIVO	PRESENTE	decidi decida decidiamo decidete decidano			
CONGIUNTIVO	PRESENTE	Pensa	che	io decida tu decida lui (lei, Lei) decida noi decidiamo voi decidiate loro decidano	
	IMPERFETTO	Pensò Pensava Ha pensato	che	io decidessi tu decidessi lui (lei, Lei) decidesse noi decidessimo voi decideste loro decidessero	

Infinito		DESCRIVERE			
INDICATIVO	PRESENTE	descrivo descrivi descrive descriviamo descrivete descrivono			l'avveni- mento nei particolari
	PRE. PRO.	sto	descrivendo		
	IMPERFETTO	descrivevo descrivevi descriveva descrivevamo descrivevate descrivevano			
	PAS. PROS.	ho	**descritto**		
	PASSATO REMOTO	**descrissi** descrivesti **descrisse** descrivemmo descriveste **descrissero**			
	FUTURO SEMPLICE	descriverò descriverai descriverà descriveremo descriverete descriveranno			
CONDIZIONALE	PRESENTE	descriverei descriveresti descriverebbe descriveremmo descrivereste descriverebbero			
IMPERATIVO	PRESENTE	descrivi descriva descriviamo descrivete descrivano			
CONGIUNTIVO	PRESENTE	Pensa	che	io descriva tu descriva lui (lei, Lei) descriva noi descriviamo voi descriviate loro descrivano	
	IMPERFETTO	Pensò Pensava Ha pensato	che	io descrivessi tu descrivessi lui (lei, Lei) descrivesse noi descrivessimo voi descriveste loro descrivessero	

Infinito		DIFENDERE			
INDICATIVO	PRESENTE	difendo difendi difende difendiamo difendete difendono			le idee giuste
	PRE. PRO.	sto	difendendo		
	IMPERFETTO	difendevo difendevi difendeva difendevamo difendevate difendevano			
	PAS. PROS.	ho	**difeso**		
	PASSATO REMOTO	**difesi** difendesti **difese** difendemmo difendeste **difesero**			
	FUTURO SEMPLICE	difenderò difenderai difenderà difenderemo difenderete difenderanno			
CONDIZIONALE	PRESENTE	difenderei difenderesti difenderebbe difenderemmo difendereste difenderebbero			
IMPERATIVO	PRESENTE	difendi difenda difendiamo difendete difendano			
CONGIUNTIVO	PRESENTE	Pensa	che	io difenda tu difenda lui (lei, Lei) difenda noi difendiamo voi difendiate loro difendano	
	IMPERFETTO	Pensò Pensava Ha pensato	che	io difendessi tu difendessi lui (lei, Lei) difendesse noi difendessimo voi difendeste loro difendessero	

Infinito		DIFFONDERE			
INDICATIVO	PRESENTE	diffondo diffondi diffonde diffondiamo diffondete diffondono			la buona notizia
	PRE. PRO.	sto	diffondendo		
	IMPERFETTO	diffondevo diffondevi diffondeva diffondevamo diffondevate diffondevano			
	PAS. PROS.	ho	**diffuso**		
	PASSATO REMOTO	**diffusi** diffondesti **diffuse** diffondemmo diffondeste **diffusero**			
	FUTURO SEMPLICE	diffonderò diffonderai diffonderà diffonderemo diffonderete diffonderanno			
CONDIZIONALE	PRESENTE	diffonderei diffonderesti diffonderebbe diffonderemmo diffondereste diffonderebbero			
IMPERATIVO	PRESENTE	diffondi diffonda diffondiamo diffondete diffondano			
CONGIUNTIVO	PRESENTE	Pensa	che	io diffonda tu diffonda lui (lei, Lei) diffonda noi diffondiamo voi diffondiate loro diffondano	
	IMPERFETTO	Pensò Pensava Ha pensato	che	io diffondessi tu diffondessi lui (lei, Lei) diffondesse noi diffondessimo voi diffondeste loro diffondessero	

Infinito		DIPENDERE	
INDICATIVO	PRESENTE	dipendo dipendi dipende dipendiamo dipendete dipendono	
	PRE. PRO.	sto dipendendo	
	IMPERFETTO	dipendevo dipendevi dipendeva dipendevamo dipendevate dipendevano	
	PAS. PROS.	sono **dipeso, a**	
	PASSATO REMOTO	**dipesi** dipendesti **dipese** dipendemmo dipendeste **dipesero**	
	FUTURO SEMPLICE	dipenderò dipenderai dipenderà dipenderemo dipenderete dipenderanno	dai genitori
CONDIZIONALE	PRESENTE	dipenderei dipenderesti dipenderebbe dipenderemmo dipendereste dipenderebbero	
IMPERATIVO	PRESENTE	non dipendere (1) dipenda dipendiamo dipendete dipendano	
CONGIUNTIVO	PRESENTE	Pensa che io dipenda tu dipenda lui (lei, Lei) dipenda noi dipendiamo voi dipendiate loro dipendano	
	IMPERFETTO	Pensò Pensava Ha pensato che io dipendessi tu dipendessi lui (lei, Lei) dipendesse noi dipendessimo voi dipendeste loro dipendessero	

(1) *L'imperativo positivo di II persona singolare è dipendi.*

Infinito		DIPINGERE			
INDICATIVO	PRESENTE	dipingo dipingi dipinge dipingiamo dipingete dipingono			
	PRE. PRO.	sto	dipingendo		
	IMPERFETTO	dipingevo dipingevi dipingeva dipingevamo dipingevate dipingevano			
	PAS. PROS.	ho	**dipinto**		
	PASSATO REMOTO	**dipinsi** dipingesti **dipinse** dipingemmo dipingeste **dipinsero**			
	FUTURO SEMPLICE	dipingerò dipingerai dipingerà dipingeremo dipingerete dipingeranno			un bel quadro
CONDIZIONALE	PRESENTE	dipingerei dipingeresti dipingerebbe dipingeremmo dipingereste dipingerebbero			
IMPERATIVO	PRESENTE	dipingi dipinga dipingiamo dipingete dipingano			
CONGIUNTIVO	PRESENTE	Pensa	che	io dipinga tu dipinga lui (lei, Lei) dipinga noi dipingiamo voi dipingiate loro dipingano	
	IMPERFETTO	Pensò Pensava Ha pensato	che	io dipingessi tu dipingessi lui (lei, Lei) dipingesse noi dipingessimo voi dipingeste loro dipingessero	

Si coniugano come Dipingere: Attingere, Respingere, Sospingere, Tingere.

Infinito		DIRE			
INDICATIVO	PRESENTE	**dico** **dici** **dice** **diciamo** **dite** **dicono**			a Lorenzo di fare presto
	PRE. PRO.	sto	**dicendo**		
	IMPERFETTO	**dicevo** **dicevi** **diceva** **dicevamo** **dicevate** **dicevano**			
	PAS. PROS.	ho	**detto**		
	PASSATO REMOTO	**dissi** **dicesti** **disse** **dicemmo** **diceste** **dissero**			
	FUTURO SEMPLICE	**dirò** **dirai** **dirà** **diremo** **direte** **diranno**			
CONDIZIONALE	PRESENTE	**direi** **diresti** **direbbe** **diremmo** **direste** **direbbero**			
IMPERATIVO	PRESENTE	**di'** **dica** **diciamo** **dite** **dicano**			
CONGIUNTIVO	PRESENTE	Pensa	che	io **dica** tu **dica** lui (lei, Lei) **dica** noi **diciamo** voi **diciate** loro **dicano**	
	IMPERFETTO	Pensò Pensava Ha pensato	che	io **dicessi** tu **dicessi** lui (lei, Lei) **dicesse** noi **dicessimo** voi **diceste** loro **dicessero**	

Si coniugano come Dire: Benedire, Contraddire, Disdire, Indire, Interdire, Maledire, Predire, Ridire.

Infinito		DIRIGERE			
INDICATIVO	PRESENTE	dirigo dirigi dirige dirigiamo dirigete dirigono			bene l'azienda
	PRE. PRO.	sto	dirigendo		
	IMPERFETTO	dirigevo dirigevi dirigeva dirigevamo dirigevate dirigevano			
	PAS. PROS.	ho	**diretto**		
	PASSATO REMOTO	**diressi** dirigesti **diresse** dirigemmo dirigeste **diressero**			
	FUTURO SEMPLICE	dirigerò dirigerai dirigerà dirigeremo dirigerete dirigeranno			
CONDIZIONALE	PRESENTE	dirigerei dirigeresti dirigerebbe dirigeremmo dirigereste dirigerebbero			
IMPERATIVO	PRESENTE	— dirigi diriga dirigiamo dirigete dirigano			
CONGIUNTIVO	PRESENTE	Pensa	che	io diriga tu diriga lui (lei, Lei) diriga noi dirigiamo voi dirigiate loro dirigano	
	IMPERFETTO	Pensò Pensava Ha pensato	che	io dirigesssi tu dirigessi lui (lei, Lei) dirigesse noi dirigessimo voi dirigeste loro dirigessero	

Si coniugano come Dirigere: Erigere, Prediligere.

Infinito		DISCUTERE			
INDICATIVO	PRESENTE	discuto discuti discute discutiamo discutete discutono			con calma
	PRE. PRO.	sto	discutendo		
	IMPERFETTO	discutevo discutevi discuteva discutevamo discutevate discutevano			
	PAS. PROS.	ho	**discusso**		
	PASSATO REMOTO	**discussi** discutesti **discusse** discutemmo discuteste **discussero**			
	FUTURO SEMPLICE	discuterò discuterai discuterà discuteremc discuterete discuteranno			
CONDIZIONALE	PRESENTE	discuterei discuteresti discuterebbe discuteremmo discutereste discuterebbero			
IMPERATIVO	PRESENTE	— discuti discuta discutiamo discutete discutano			
CONGIUNTIVO	PRESENTE	Pensa	che	io discuta tu discuta lui (lei, Lei) discuta noi discutiamo voi discutiate loro discutano	
	IMPERFETTO	Pensò Pensava Ha pensato	che	io discutessi tu discutessi lui (lei, Lei) discutesse noi discutessimo voi discuteste loro discutessero	

Si coniuga come Discutere: Incutere.

Infinito		DISPIACERE				
INDICATIVO	PRESENTE	mi ti gli le Le ci vi gli			dispiace	partire prima della fine del corso
	PRE. PRO.				sta dispiacendo	
	IMPERFETTO				dispiaceva	
	PASSATO PROSSIMO				è **dispiaciuto**	
	PASSATO REMOTO				**dispiacque**	
	FUTURO SEMPLICE				dispiacerà	
CONDIZIONALE	PRESENTE				dispiacerebbe	
IMPERATIVO	PRESENTE				———	
CONGIUNTIVO	PRESENTE	Pensa	che	mi ti gli le Le ci vi gli	**dispiaccia**	
	IMPERFETTO	Pensava Pensò Ha pensato			dispiacesse	

<table>
<tr><td colspan="3">Infinito</td><td colspan="3">DISPORRE</td></tr>
<tr><td rowspan="7">INDICATIVO</td><td>PRESENTE</td><td colspan="3">dispongo
disponi
dispone
disponiamo
disponete
dispongono</td><td rowspan="13">i libri
nello
scaffale</td></tr>
<tr><td>PRE. PRO.</td><td>sto</td><td colspan="2">disponendo</td></tr>
<tr><td>IMPERFETTO</td><td colspan="3">disponevo
disponevi
disponeva
disponevamo
disponevate
disponevano</td></tr>
<tr><td>PAS. PROS.</td><td>ho</td><td colspan="2">disposto</td></tr>
<tr><td>PASSATO REMOTO</td><td colspan="3">disposi
disponesti
dispose
disponemmo
disponeste
disposero</td></tr>
<tr><td>FUTURO SEMPLICE</td><td colspan="3">disporrò
disporrai
disporrà
disporremo
disporrete
disporranno</td></tr>
<tr><td colspan="4"></td></tr>
<tr><td>CONDIZIONALE</td><td>PRESENTE</td><td colspan="3">disporrei
disporresti
disporrebbe
disporremmo
disporreste
disporrebbero</td></tr>
<tr><td>IMPERATIVO</td><td>PRESENTE</td><td colspan="3">disponi
disponga
disponiamo
disponete
dispongano</td></tr>
<tr><td rowspan="2">CONGIUNTIVO</td><td>PRESENTE</td><td>Pensa</td><td>che</td><td>io disponga
tu disponga
lui (lei, Lei) disponga
noi disponiamo
voi disponiate
loro dispongano</td></tr>
<tr><td>IMPERFETTO</td><td>Pensò
Pensava
Ha pensato</td><td>che</td><td>io disponessi
tu disponessi
lui (lei, Lei) disponesse
noi disponessimo
voi disponeste
loro disponessero</td></tr>
</table>

Infinito		DISTINGUERE			
INDICATIVO	PRESENTE	distinguo distingui distingue distinguiamo distinguete distinguono			il vero dal falso
	PRE. PRO.	sto	distinguẹndo		
	IMPERFETTO	distinguevo distinguevi distingueva distinguevamo distinguevate distinguevano			
	PAS. PROS.	ho	**distinto**		
	PASSATO REMOTO	**distinsi** distinguesti **distinse** distinguemmo distingueste **distinsero**			
	FUTURO SEMPLICE	distinguerò distinguerai distinguerà distingueremo distinguerete distingueranno			
CONDIZIONALE	PRESENTE	distinguerei distingueresti distinguerebbe distingueremmo distinguereste distinguerebbero			
IMPERATIVO	PRESENTE	— distingui distingua distinguiamo distinguete distinguano			
CONGIUNTIVO	PRESENTE	Pensa	che	io distingua tu distingua lui (lei, Lei) distingua noi distinguiamo voi distinguiate loro distinguano	
	IMPERFETTO	Pensò Pensava Ha pensato	che	io distinguessi tu distinguessi lui (lei, Lei) distinguesse noi distinguessimo voi distingueste loro distinguessero	

Si coniugano come Distinguere: Contraddistinguere, Estinguere.

Infinito		DISTRUGGERE			
INDICATIVO	PRESENTE	distruggo distruggi distrugge distruggiamo distruggete distruggono			le vecchie lettere
	PRE. PRO.	sto	distruggendo		
	IMPERFETTO	distruggevo distruggevi distruggeva distruggevamo distruggevate distruggevano			
	PAS. PROS.	ho	**distrutto**		
	PASSATO REMOTO	**distrussi** distruggesti **distrusse** distruggemmo distruggeste **distrussero**			
	FUTURO SEMPLICE	distruggerò distruggerai distruggerà distruggeremo distruggerete distruggeranno			
CONDIZIONALE	PRESENTE	distruggerei distruggeresti distruggerebbe distruggeremmo distruggereste distruggerebbero			
IMPERATIVO	PRESENTE	distruggi distrugga distruggiamo distruggete distruggano			
CONGIUNTIVO	PRESENTE	Pensa	che	io distrugga tu distrugga lui (lei, Lei) distrugga noi distruggiamo voi distruggiate loro distruggano	
	IMPERFETTO	Pensò Pensava Ha pensato	che	io distruggessi tu distruggessi lui (lei, Lei) distruggesse noi distruggessimo voi distruggeste loro distruggessero	

Infinito		DIVIDERE			
INDICATIVO	PRESENTE	divido dividi divide dividiamo dividete dividono			
	PRE. PRO.	sto	dividendo		
	IMPERFETTO	dividevo dividevi divideva dividevamo dividevate dividevano			
	PAS. PROS.	ho	**diviso**		
	PASSATO REMOTO	**divisi** dividesti **divise** dividemmo divideste **divisero**			
	FUTURO SEMPLICE	dividerò dividerai dividerà divideremo dividerete divideranno			le parole in sillabe
CONDIZIONALE	PRESENTE	dividerei divideresti dividerebbe divideremmo dividereste dividerebbero			
IMPERATIVO	PRESENTE	dividi divida dividiamo dividete dividano			
CONGIUNTIVO	PRESENTE	Pensa	che	io divida tu divida lui (lei, Lei) divida noi dividiamo voi dividiate loro dividano	
	IMPERFETTO	Pensò Pensava Ha pensato	che	io dividessi tu dividessi lui (lei, Lei) dividesse noi dividessimo voi divideste loro dividessero	

Si coniuga come Dividere: Condividere

Infinito		DOVERE*	
INDICATIVO	PRESENTE	**devo** **devi** **deve** **dobbiamo** dovete **devono**	studiare molto
	PRE. PRO.	1) – –	
	IMPERFETTO	dovevo dovevi doveva dovevamo dovevate dovevano	
	PAS. PROS.	ho dovuto	
		sono dovuto, a	uscire
	PASSATO REMOTO	dovei (-etti) dovesti dové (-ette) dovemmo doveste doverono (-ettero)	studiare molto
	FUTURO SEMPLICE	**dovrò** **dovrai** **dovrà** **dovremo** **dovrete** **dovranno**	
CONDIZIONALE	PRESENTE	**dovrei** **dovresti** **dovrebbe** **dovremmo** **dovreste** **dovrebbero**	
IMPERATIVO	PRESENTE		
CONGIUNTIVO	PRESENTE	Pensa che io **deva (debba)** tu **deva (debba)** lui (lei, Lei) **deva (debba)** noi **dobbiamo** voi **dobbiate** loro **devano (debbano)**	
	IMPERFETTO	Pensò / Pensava / Ha pensato che io dovessi tu dovessi lui (lei, Lei) dovesse noi dovessimo voi doveste loro dovessero	1) Il gerundio è: dovendo

Usato come verbo servile, può coniugarsi con l'aus. avere o essere, secondo l'infinito con cui si unisce. Usato in senso assoluto, si coniuga con l'aus. avere (es. Perché sei andato via così presto? Non posso spiegartelo, ma ho dovuto).

Il centro è vicino; vacci a piedi, non **prendere** l'autobus!

<table>
<tr><th colspan="2"></th><th>...are</th><th>...ere</th><th>...ire</th><th>...ire</th></tr>
<tr><td colspan="2">(tu)</td><td>...a</td><td>...i</td><td>...i</td><td>...isci</td></tr>
<tr><td>(voi)</td><td rowspan="4">(non)</td><td>...ate</td><td>...ete</td><td>...ite</td><td>...ite</td></tr>
<tr><td>(noi)</td><td>...iamo</td><td>...iamo</td><td>...iamo</td><td>...iamo</td></tr>
<tr><td>(Lei)</td><td>...i</td><td>...a</td><td>...a</td><td>...isca</td></tr>
<tr><td>(Loro)</td><td>...ino</td><td>...ano</td><td>...ano</td><td>...iscano</td></tr>
</table>

L'imperativo negativo di seconda persona singolare si ottiene premettendo NON alla forma dell'infinito:

Parla! Non parlare!
Scrivi! Non scrivere!
Parti! Non partire!
Finisci! Non finire!

In tutti gli altri casi, la forma negativa si ottiene premettendo il NON alla forma positiva.

Infinito		ELEGGERE			
INDICATIVO	PRESENTE	eleggo eleggi elegge eleggiamo eleggete eleggono			
	PRE. PRO.	sto	eleggendo		
	IMPERFETTO	eleggevo eleggevi eleggeva eleggevamo eleggevate eleggevano			
	PAS. PROS.	ho	**eletto**		
	PASSATO REMOTO	**elessi** eleggesti **elesse** eleggemmo eleggeste **elessero**			
	FUTURO SEMPLICE	eleggerò eleggerai eleggerà eleggeremo eleggerete eleggeranno			deputati e senatori
CONDIZIONALE	PRESENTE	eleggerei eleggeresti eleggerebbe eleggeremmo eleggereste eleggerebbero			
IMPERATIVO	PRESENTE	eleggi elegga eleggiamo eleggete eleggano			
CONGIUNTIVO	PRESENTE	Pensa	che	io elegga tu elegga lui (lei, Lei) elegga noi eleggiamo voi eleggiate loro eleggano	
	IMPERFETTO	Pensò Pensava Ha pensato	che	io eleggessi tu eleggessi lui (lei, Lei) eleggesse noi eleggessimo voi eleggeste loro eleggessero	

Si coniuga come Eleggere: Rieleggere.

Infinito		EMERGERE			
INDICATIVO	PRESENTE	emergo emergi emerge emergiamo emergete emergono			fra tutti per intelli-genza
	PRE. PRO.	sto	emergendo		
	IMPERFETTO	emergevo emergevi emergeva emergevamo emergevate emergevano			
	PAS. PROS.	sono	**emerso, a**		
	PASSATO REMOTO	**emersi** emergesti **emerse** emergemmo emergeste **emersero**			
	FUTURO SEMPLICE	emergerò emergerai emergerà emergeremo emergerete emergeranno			
CONDIZIONALE	PRESENTE	emergerei emergeresti emergerebbe emergeremmo emergereste emergerebbero			
IMPERATIVO	PRESENTE	— emergi emerga emergiamo emergete emergano			
CONGIUNTIVO	PRESENTE	Pensa	che	io emerga tu emerga lui (lei, Lei) emerga noi emergiamo voi emergiate loro emergano	
	IMPERFETTO	Pensò Pensava Ha pensato	che	io emergessi tu emergessi lui (lei, Lei) emergesse noi emergessimo voi emergeste loro emergessero	

Si coniugano come Emergere: Immergere (av.), Riemergere, Sommergere (av.).

Infinito		ESCLUDERE			
INDICATIVO	PRESENTE	escludo escludi esclude escludiamo escludete escludono			
	PRE. PRO.	sto	escludendo		
	IMPERFETTO	escludevo escludevi escludeva escludevamo escludevate escludevano			
	PAS. PROS.	ho	**escluso**		
	PASSATO REMOTO	**esclusi** escludesti **escluse** escludemmo escludeste **esclusero**			
	FUTURO SEMPLICE	escluderò escluderai escluderà escluderemo escluderete escluderanno			l'ipotesi sfavore-vole
CONDIZIONALE	PRESENTE	escluderei escluderesti escluderebbe escluderemmo escludereste escluderebbero			
IMPERATIVO	PRESENTE	escludi escluda escludiamo escludete escludano			
CONGIUNTIVO	PRESENTE	Pensa	che	io escluda tu escluda lui (lei, Lei) escluda noi escludiamo voi escludiate loro escludano	
	IMPERFETTO	Pensò Pensava Ha pensato	che	io escludessi tu escludessi lui (lei, Lei) escludesse noi escludessimo voi escludeste loro escludessero	

Infinito		ESPORRE			
INDICATIVO	PRESENTE	**espongo** **esponi** **espone** **esponiamo** **esponete** **espongono**			
	PRE. PRO.	sto	**esponendo**		
	IMPERFETTO	**esponevo** **esponevi** **esponeva** **esponevamo** **esponevate** **esponevano**			
	PAS. PROS.	ho	**esposto**		
	PASSATO REMOTO	**esposi** **esponesti** **espose** **esponemmo** **esponeste** **esposero**			
	FUTURO SEMPLICE	**esporrò** **esporrai** **esporrà** **esporremo** **esporrete** **esporranno**			i fatti con chiarezza
CONDIZIONALE	PRESENTE	**esporrei** **esporresti** **esporrebbe** **esporremmo** **esporreste** **esporrebbero**			
IMPERATIVO	PRESENTE	— **esponi** **esponga** **esponiamo** **esponete** **espongano**			
CONGIUNTIVO	PRESENTE	Pensa	che	io **esponga** tu **esponga** lui (lei, Lei) **esponga** noi **esponiamo** voi **esponiate** loro **espongano**	
	IMPERFETTO	Pensò Pensava Ha pensato	che	io **esponessi** tu **esponessi** lui (lei, Lei) **esponesse** noi **esponessimo** voi **esponeste** loro **esponessero**	

Infinito		ESPRIMERE			
INDICATIVO	PRESENTE	esprimo esprimi esprime esprimiamo esprimete esprimono			l'opinione generale
	PRE. PRO.	sto	esprimendo		
	IMPERFETTO	esprimevo esprimevi esprimeva esprimevamo esprimevate esprimevano			
	PAS. PROS.	ho	**espresso**		
	PASSATO REMOTO	**espressi** esprimesti **espresse** esprimemmo esprimeste **espressero**			
	FUTURO SEMPLICE	esprimerò esprimerai esprimerà esprimeremo esprimerete esprimeranno			
CONDIZIONALE	PRESENTE	esprimerei esprimeresti esprimerebbe esprimeremmo esprimereste esprimerebbero			
IMPERATIVO	PRESENTE	esprimi esprima esprimiamo esprimete esprimano			
CONGIUNTIVO	PRESENTE	Pensa	che	io esprima tu esprima lui (lei, Lei) esprima noi esprimiamo voi esprimiate loro esprimano	
	IMPERFETTO	Pensò Pensava Ha pensato	che	io esprimessi tu esprimessi lui (lei, Lei) esprimesse noi esprimessimo voi esprimeste loro esprimessero	

Si coniugano come Esprimere: Opprimere, Reprimere, Sopprimere.

<table>
<tr><td colspan="2">Infinito</td><td colspan="4">FARE</td></tr>
<tr><td rowspan="6">INDICATIVO</td><td>PRESENTE</td><td colspan="3">faccio
fai
fa
facciamo
fate
fanno</td><td rowspan="10">una
passeg-
giata
al
corso</td></tr>
<tr><td>PRE. PRO.</td><td>sto</td><td colspan="2">facendo</td></tr>
<tr><td>IMPERFETTO</td><td colspan="3">facevo
facevi
faceva
facevamo
facevate
facevano</td></tr>
<tr><td>PAS. PROS.</td><td>ho</td><td colspan="2">fatto</td></tr>
<tr><td>PASSATO REMOTO</td><td colspan="3">feci
facesti
fece
facemmo
faceste
fecero</td></tr>
<tr><td>FUTURO SEMPLICE</td><td colspan="3">farò
farai
farà
faremo
farete
faranno</td></tr>
<tr><td>CONDIZIONALE</td><td>PRESENTE</td><td colspan="3">farei
faresti
farebbe
faremmo
fareste
farebbero</td></tr>
<tr><td>IMPERATIVO</td><td>PRESENTE</td><td colspan="3">fa (fai - fa')
faccia
facciamo
fate
facciano</td></tr>
<tr><td rowspan="2">CONGIUNTIVO</td><td>PRESENTE</td><td>Pensa</td><td>che</td><td>io faccia
tu faccia
lui (lei, Lei) faccia
noi facciamo
voi facciate
loro facciano</td></tr>
<tr><td>IMPERFETTO</td><td>Pensò
Pensava
Ha pensato</td><td>che</td><td>io facessi
tu facessi
lui (lei, Lei) facesse
noi facessimo
voi faceste
loro facessero</td></tr>
</table>

Si coniugano come Fare: Contraffare, Disfare, Rifare, Soddisfare, Sopraffare.

Infinito		FINGERE			
INDICATIVO	PRESENTE	fingo fingi finge fingiamo fingete fingono			di non aver capito
	PRE. PRO.	sto	fingendo		
	IMPERFETTO	fingevo fingevi fingeva fingevamo fingevate fingevano			
	PAS. PROS.	ho	**finto**		
	PASSATO REMOTO	**finsi** fingesti **finse** fingemmo fingeste **finsero**			
	FUTURO SEMPLICE	fingerò fingerai fingerà fingeremo fingerete fingeranno			
CONDIZIONALE	PRESENTE	fingerei fingeresti fingerebbe fingeremmo fingereste fingerebbero			
IMPERATIVO	PRESENTE	fingi finga fingiamo fingete fingano			
CONGIUNTIVO	PRESENTE	Pensa	che	io finga tu finga lui (lei, Lei) finga noi fingiamo voi fingiate loro fingano	
	IMPERFETTO	Pensò Pensava Ha pensato	che	io fingessi tu fingessi lui (lei, Lei) fingesse noi fingessimo voi fingeste loro fingessero	

Infinito		GIUNGERE			
INDICATIVO	PRESENTE	giungo giungi giunge giungiamo giungete giungono			
	PRE. PRO.	sto	giungendo		
	IMPERFETTO	giungevo giungevi giungeva giungevamo giungevate giungevano			
	PAS. PROS.	sono	**giunto, a**		
	PASSATO REMOTO	**giunsi** giungesti **giunse** giungemmo giungeste **giunsero**			
	FUTURO SEMPLICE	giungerò giungerai giungerà giungeremo giungerete giungeranno			all'ap- punta- mento in orario
CONDIZIONALE	PRESENTE	giungerei giungeresti giungerebbe giungeremmo giungereste giungerebbero			
IMPERATIVO	PRESENTE	giungi giunga giungiamo giungete giungano			
CONGIUNTIVO	PRESENTE	Pensa	che	io giunga tu giunga lui (lei, Lei) giunga noi giungiamo voi giungiate loro giungano	
	IMPERFETTO	Pensò Pensava Ha pensato	che	io giungessi tu giungessi lui (lei, Lei) giungesse noi giungessimo voi giungeste loro giungessero	

Si coniugano come Giungere: Congiungere (av.), Soggiungere (av.), Sopraggiungere.

Infinito		GODERE			
INDICATIVO	PRESENTE	godo godi gode godiamo godete godono			
	PRE. PRO.	sto	godendo		
	IMPERFETTO	godevo godevi godeva godevamo godevate godevano			
	PAS. PROS.	ho	goduto		
	PASSATO REMOTO	godei (-etti) godesti godé (-ette) godemmo godeste goderono (-ettero)			
	FUTURO SEMPLICE	**godrò** **godrai** **godrà** **godremo** **godrete** **godranno**			dei successi altrui
CONDIZIONALE	PRESENTE	**godrei** **godresti** **godrebbe** **godremmo** **godreste** **godrebbero**			
IMPERATIVO	PRESENTE	godi goda godiamo godete godano			
CONGIUNTIVO	PRESENTE	Pensa	che	io goda tu goda lui (lei, Lei) goda noi godiamo voi godiate loro godano	
	IMPERFETTO	Pensò Pensava Ha pensato	che	io godessi tu godessi lui (lei, Lei) godesse noi godessimo voi godeste loro godessero	

Infinito		IMPORRE		
INDICATIVO	PRESENTE	**impongo** **imponi** **impone** **imponiamo** **imponete** **impongono**		di rispettare gli accordi presi
	PRE. PRO.	sto	**imponendo**	
	IMPERFETTO	**imponevo** **imponevi** **imponeva** **imponevamo** **imponevate** **imponevano**		
	PAS. PROS.	ho	**imposto**	
	PASSATO REMOTO	**imposi** **imponesti** **impose** **imponemmo** **imponeste** **imposero**		
	FUTURO SEMPLICE	**imporrò** **imporrai** **imporrà** **imporremo** **imporrete** **imporranno**		
CONDIZIONALE	PRESENTE	**imporrei** **imporresti** **imporrebbe** **imporremmo** **imporreste** **imporrebbero**		
IMPERATIVO	PRESENTE	— **imponi** **imponga** **imponiamo** **imponete** **impongano**		
CONGIUNTIVO	PRESENTE	Pensa che	io **imponga** tu **imponga** lui (lei, Lei) **imponga** noi **imponiamo** voi **imponiate** loro **impongano**	
	IMPERFETTO	Pensò Pensava Ha pensato che	io **imponessi** tu **imponessi** lui (lei, Lei) **imponesse** noi **imponessimo** voi **imponeste** loro **imponessero**	

Infinito		INDURRE			
INDICATIVO	PRESENTE	**induco** **induci** **induce** **induciamo** **inducete** **inducono**			Maria a votare per quel partito
	PRE. PRO.	sto	**inducendo**		
	IMPERFETTO	**inducevo** **inducevi** **induceva** **inducevamo** **inducevate** **inducevano**			
	PAS. PROS.	ho	**indotto**		
	PASSATO REMOTO	**indussi** **inducesti** **indusse** **inducemmo** **induceste** **indussero**			
	FUTURO SEMPLICE	**indurrò** **indurrai** **indurrà** **indurremo** **indurrete** **indurranno**			
CONDIZIONALE	PRESENTE	**indurrei** **indurresti** **indurrebbe** **indurremmo** **indurreste** **indurrebbero**			
IMPERATIVO	PRESENTE	**induci** **induca** **induciamo** **inducete** **inducano**			
CONGIUNTIVO	PRESENTE	Pensa	che	io **induca** tu **induca** lui (lei, Lei) **induca** noi **induciamo** voi **induciate** loro **inducano**	
	IMPERFETTO	Pensò Pensava Ha pensato	che	io **inducessi** tu **inducessi** lui (lei, Lei) **inducesse** noi **inducessimo** voi **induceste** loro **inducessero**	

Infinito		INSISTERE			
INDICATIVO	PRESENTE	insisto insisti insiste insistiamo insistete insistono			per convin-cerlo
	PRE. PRO.	sto	insistendo		
	IMPERFETTO	insistevo insistevi insisteva insistevamo insistevate insistevano			
	PAS. PROS.	ho	**insistito**		
	PASSATO REMOTO	insistei insistesti insisté insistemmo insisteste insisterono			
	FUTURO SEMPLICE	insisterò insisterai insisterà insisteremo insisterete insisteranno			
CONDIZIONALE	PRESENTE	insisterei insisteresti insisterebbe insisteremmo insistereste insisterebbero			
IMPERATIVO	PRESENTE	insisti insista insistiamo insistete insistano			
CONGIUNTIVO	PRESENTE	Pensa	che	io insista tu insista lui (lei, Lei) insista noi insistiamo voi insistiate loro insistano	
	IMPERFETTO	Pensò Pensava Ha pensato	che	io insistessi tu insistessi lui (lei, Lei) insistesse noi insistessimo voi insisteste loro insistessero	

Infinito		INTENDERE			
INDICATIVO	PRESENTE	intendo intendi intende intendiamo intendete intendono			
	PRE. PRO.	sto	intendendo		
	IMPERFETTO	intedevo intendevi intendeva intendevamo intendevate intendevano			
	PAS. PROS.	ho	**inteso**		
	PASSATO REMOTO	**intesi** intendesti **intese** intendemmo intendeste **intesero**			
	FUTURO SEMPLICE	intenderò intenderai intenderà intenderemo intenderete intenderanno			bene
CONDIZIONALE	PRESENTE	intenderei intenderesti intenderebbe intenderemmo intendereste intenderebbero			
IMPERATIVO	PRESENTE	intendi intenda intendiamo intendete intendano			
CONGIUNTIVO	PRESENTE	Pensa	che	io intenda tu intenda lui (lei, Lei) intenda noi intendiamo voi intendiate loro intendano	
	IMPERFETTO	Pensò Pensava Ha pensato	che	io intendessi tu intendessi lui (lei, Lei) intendesse noi intendessimo voi intendeste loro intendessero	

Si coniugano come Intendere: Fraintendere, Sottointendere, Sovrintendere.

Infinito		INVADERE			
INDICATIVO	PRESENTE	invado invadi invade invadiamo invadete invadono			il meno possibile il campo altrui
	PRE. PRO.	sto	invadendo		
	IMPERFETTO	invadevo invadevi invadeva invadevamo invadevate invadevano			
	PAS. PROS.	ho	**invaso**		
	PASSATO REMOTO	**invasi** invadesti **invase** invademmo invadeste **invasero**			
	FUTURO SEMPLICE	invaderò invaderai invaderà invaderemo invaderete invaderanno			
CONDIZIONALE	PRESENTE	invaderei invaderesti invaderebbe invaderemmo invadereste invaderebbero			
IMPERATIVO	PRESENTE	invadi invada invadiamo invadete invadano			
CONGIUNTIVO	PRESENTE	Pensa	che	io invada tu invada lui (lei, Lei) invada noi invadiamo voi invadiate loro invadano	
	IMPERFETTO	Pensò Pensava Ha pensato	che	io invadessi tu invadessi lui (lei, Lei) invadesse noi invadessimo voi invadeste loro invadessero	

Si coniuga come Invadere: Evadere (ess.)

Infinito		LEGGERE			
INDICATIVO	PRESENTE	leggo leggi legge leggiamo leggete leggono			un libro divertente
	PRE. PRO.	sto	leggendo		
	IMPERFETTO	leggevo leggevi leggeva leggevamo leggevate leggevano			
	PAS. PROS.	ho	**letto**		
	PASSATO REMOTO	**lessi** leggesti **lesse** leggemmo leggeste **lessero**			
	FUTURO SEMPLICE	leggerò leggerai leggerà leggeremo leggerete leggeranno			
CONDIZIONALE	PRESENTE	leggerei leggeresti leggerebbe leggeremmo leggereste leggerebbero			
IMPERATIVO	PRESENTE	— leggi legga leggiamo leggete leggano			
CONGIUNTIVO	PRESENTE	Pensa	che	io legga tu legga lui (lei, Lei) legga noi leggiamo voi leggiate loro leggano	
	IMPERFETTO	Pensò Pensava Ha pensato	che	io leggessi tu leggessi lui (lei, Lei) leggesse noi leggessimo voi leggeste loro leggessero	

Si coniugano come Leggere: Proteggere, Reggere, Rileggere, Sorreggere.

Infinito		MANTENERE			
INDICATIVO	PRESENTE	**mantengo** **mantieni** **mantiene** manteniamo mantenete **mantengono**			la parola data
	PRE. PRO.	sto	mantenendo		
	IMPERFETTO	mantenevo mantenevi manteneva mantenevamo mantenevate mantenevano			
	PAS. PROS.	ho	mantenuto		
	PASSATO REMOTO	**mantenni** mantenesti **mantenne** mantenemmo manteneste **mantennero**			
	FUTURO SEMPLICE	**manterrò** **manterrai** **manterrà** **manterremo** **manterrete** **manterranno**			
CONDIZIONALE	PRESENTE	**manterrei** **manterresti** **manterrebbe** **manterremmo** **manterreste** **manterrebbero**			
IMPERATIVO	PRESENTE	**mantieni** **mantenga** manteniamo mantenete **mantengano**			
CONGIUNTIVO	PRESENTE	Pensa	che	io **mantenga** tu **mantenga** lui (lei, Lei) **mantenga** noi manteniamo voi manteniate loro **mantengano**	
	IMPERFETTO	Pensò Pensava Ha pensato	che	io mantenessi tu mantenessi lui (lei, Lei) mantenesse noi mantenessimo voi manteneste loro mantenessero	

Infinito		METTERE			
INDICATIVO	PRESENTE	metto metti mette mettiamo mettete mettono			
	PRE. PRO.	sto	mettendo		
	IMPERFETTO	mettevo mettevi metteva mettevamo mettevate mettevano			
	PAS. PROS.	ho	**messo**		
	PASSATO REMOTO	**misi** mettesti **mise** mettemmo metteste **misero**			
	FUTURO SEMPLICE	metterò metterai metterà metteremo metterete metteranno			tutto in ordine
CONDIZIONALE	PRESENTE	metterei metteresti metterebbe metteremmo mettereste metterebbero			
IMPERATIVO	PRESENTE	— metti metta mettiamo mettete mettano			
CONGIUNTIVO	PRESENTE	Pensa	che	io metta tu metta lui (lei, Lei) metta noi mettiamo voi mettiate loro mettano	
	IMPERFETTO	Pensò Pensava Ha pensato	che	io mettessi tu mettessi lui (lei, Lei) mettesse noi mettessimo voi metteste loro mettessero	

Si coniugano come Mettere: Compromettere, Dimettere, Emettere, Omettere, Premettere, Scommettere, Sottomettere, Trasmettere.

Infinito		MORIRE			
INDICATIVO	PRESENTE	**muoio** **muori** **muore** moriamo morite **muoiono**			di noia
	PRE. PRO.	sto	morendo		
	IMPERFETTO	morivo morivi moriva morivamo morivate morivano			
	PAS. PROS.	sono	**morto, a**		
	PASSATO REMOTO	morii moristi morí morimmo moriste morirono			
	FUTURO SEMPLICE	morirò morirai morirà moriremo morirete moriranno			
CONDIZIONALE	PRESENTE	morirei moriresti morirebbe moriremmo morireste morirebbero			
IMPERATIVO	PRESENTE	**muori** **muoia** moriamo morite **muoiano**			con dignità
CONGIUNTIVO	PRESENTE	Pensa	che	io **muoia** tu **muoia** lui (lei, Lei) **muoia** noi moriamo voi moriate loro **muoiano**	di noia
	IMPERFETTO	Pensò Pensava Ha pensato	che	io morissi tu morissi lui (lei, Lei) morisse noi morissimo voi moriste loro morissero	

Infinito		MUOVERE	
INDICATIVO	PRESENTE	muovo muovi muove muoviamo muovete muovono	
	PRE. PRO.	sto muovendo	
	IMPERFETTO	**movevo** **movevi** **moveva** **movevamo** **movevate** **movevano**	
	PAS. PROS.	ho **mosso**	
	PASSATO REMOTO	**mossi** **movesti** **mosse** **movemmo** **moveste** **mossero**	
	FUTURO SEMPLICE	**moverò** **moverai** **moverà** **moveremo** **moverete** **moveranno**	mari e monti per trovare lavoro
CONDIZIONALE	PRESENTE	**moverei** **moveresti** **moverebbe** **moveremmo** **movereste** **moverebbero**	
IMPERATIVO	PRESENTE	— muovi muova **moviamo** **movete** muovano	
CONGIUNTIVO	PRESENTE	Pensa che io muova tu muova lui (lei, Lei) muova noi **moviamo** voi **moviate** loro muovano	
	IMPERFETTO	Pensò / Pensava / Ha pensato che io **movessi** tu **movessi** lui (lei, Lei) **movesse** noi **movessimo** voi **moveste** loro **movessero**	

Si coniugano come Muovere: Commuovere, Rimuovere, Smuovere.

Infinito		NASCERE			
INDICATIVO	PRESENTE	nasco nasci nasce nasciamo nascete nascono			
	PRE. PRO.	sto	nascendo		
	IMPERFETTO	nascevo nascevi nasceva nascevamo nascevate nascevano			
	PAS. PROS.	sono	**nato, a**		
	PASSATO REMOTO	**nacqui** nascesti **nacque** nascemmo nascesti **nacquero**			
	FUTURO SEMPLICE	nascerò nascerai nascerà nasceremo nascerete nasceranno			a nuova vita
CONDIZIONALE	PRESENTE	nascerei nasceresti nascerebbe nasceremmo nascereste nascerebbero			
IMPERATIVO	PRESENTE	nasci nasca nasciamo nascete nascano			
CONGIUNTIVO	PRESENTE	Pensa	che	io nasca tu nasca lui (lei, Lei) nasca noi nasciamo voi nasciate loro nascano	
	IMPERFETTO	Pensò Pensava Ha pensato	che	io nascessi tu nascessi lui (lei, Lei) nascesse noi nascessimo voi nasceste loro nascessero	

Si coniuga come Nascere: Rinascere.

Infinito		NASCONDERE			
INDICATIVO	PRESENTE	nascondo nascondi nasconde nascondiamo nascondete nascondono			la verità
	PRE. PRO.	sto	nascondendo		
	IMPERFETTO	nascondevo nascondevi nascondeva nascondevamo nascondevate nascondevano			
	PAS. PROS.	ho	**nascosto**		
	PASSATO REMOTO	**nascosi** nascondesti **nascose** nascondemmo nascondeste **nascosero**			
	FUTURO SEMPLICE	nasconderò nasconderai nasconderà nasconderemo nasconderete nasconderanno			
CONDIZIONALE	PRESENTE	nasconderei nasconderesti nasconderebbe nasconderemmo nascondereste nasconderebbero			
IMPERATIVO	PRESENTE	— nascondi nasconda nascondiamo nascondete nascondano			
CONGIUNTIVO	PRESENTE	Pensa	che	io nasconda tu nasconda lui (lei, Lei) nasconda noi nascondiamo voi nascondiate loro nascondano	
	IMPERFETTO	Pensò Pensava Ha pensato	che	io nascondessi tu nascondessi lui (lei, Lei) nascondesse noi nascondessimo voi nascondeste loro nascondessero	

Infinito				OCCORRERE		
INDICATIVO	PRESENTE	mi ti		occorre	molto tempo per	per completare il lavoro
				occorrono	molti mesi	
	PRE. PRO.			sta occorrendo	più del previsto	
	IMPERFETTO			occorreva	molto denaro	per vivere all'estero
				occorrevano	molti soldi	
	PASSATO PROSSIMO	gli le Le	è	**occorso**	molto tempo	per risolvere il problema
				occorsa	molta pazienza	
			sono	**occorsi**	molti minuti	
				occorse	molte ore	
	PASSATO REMOTO			**occorse**	molta calma in quell'occasione	
				occorsero	mesi e mesi per scrivere la tesi di laurea	
	FUTURO SEMPLICE	ci vi gli		occorrerà	un periodo di riposo	
				occorreranno	due giorni di permesso	
CONDIZ.	PRESENTE			occorrerebbe	un vestito nuovo	
				occorrerebbero	molte cose	

CONGIUNTIVO					
PRESENTE	Pensa	che	mi ti gli le Le ci vi gli	occorra	un aiuto finanziario
				occorrano	un paio di scarpe nuove
IMPERFETTO	Pensava Pensò Ha pensato			occorresse	la consulenza di un esperto
				occorressero	dei vestiti nuovi

1) Spesso si usa il verbo impersonale Occorrere senza i pronomi indiretti. Es. Occorre molto tempo per imparare bene una lingua straniera.

Infinito		OFFENDERE			
INDICATIVO	PRESENTE	offendo offendi offende offendiamo offendete offendono			il meno possibile
	PRE. PRO.	sto	offendendo		
	IMPERFETTO	offendevo offendevi offendeva offendevamo offendevate offendevano			
	PAS. PROS.	ho	**offeso**		
	PASSATO REMOTO	**offesi** offendesti **offese** offendemmo offendeste **offesero**			
	FUTURO SEMPLICE	offenderò offenderai offenderà offenderemo offenderete offenderanno			
CONDIZIONALE	PRESENTE	offenderei offenderesti offenderebbe offenderemmo offendereste offenderebbero			
IMPERATIVO	PRESENTE	offendi offenda offendiamo offendete offendano			
CONGIUNTIVO	PRESENTE	Pensa	che	io offenda tu offenda lui (lei, Lei) offenda noi offendiamo voi offendiate loro offendano	
	IMPERFETTO	Pensò Pensava Ha pensato	che	io offendessi tu offendessi lui (lei, Lei) offendesse noi offendessimo voi offendeste loro offendessero	

Infinito		OFFRIRE			
INDICATIVO	PRESENTE	offro offri offre offriamo offrite offrono			da bere agli ospiti
	PRE. PRO.	sto	offrendo		
	IMPERFETTO	offrivo offrivi offriva offrivamo offrivate offrivano			
	PAS. PROS.	ho	**offerto**		
	PASSATO REMOTO	offrii offristi offrí offrimmo offriste offrirono			
	FUTURO SEMPLICE	offrirò offrirai offrirà offriremo offrirete offriranno			
CONDIZIONALE	PRESENTE	offrirei offriresti offrirebbe offriremmo offrireste offrirebbero			
IMPERATIVO	PRESENTE	offri offra offriamo offrite offrano			
CONGIUNTIVO	PRESENTE	Pensa	che	io offra tu offra lui (lei, Lei) offra noi offriamo voi offriate loro offrano	
	IMPERFETTO	Pensò Pensava Ha pensato	che	io offrissi tu offrissi lui (lei, Lei) offrisse noi offrissimo voi offriste loro offrissero	

Infinito				OTTENERE	
INDICATIVO	PRESENTE			**ottengo** **ottieni** **ottiene** otteniamo ottenete **ottengono**	un grosso successo
	PRE. PRO.	sto		ottenendo	
	IMPERFETTO			ottenevo ottenevi otteneva ottenevamo ottenevate ottenevano	
	PAS. PROS.	ho		ottenuto	
	PASSATO REMOTO			**ottenni** ottenesti **ottenne** ottenemmo otteneste **ottennero**	
	FUTURO SEMPLICE			**otterrò** **otterrai** **otterrà** **otterremo** **otterrete** **otterranno**	
CONDIZIONALE	PRESENTE			**otterrei** **otterresti** **otterrebbe** **otterremmo** **otterreste** **otterrebbero**	
IMPERATIVO	PRESENTE			**ottieni** **ottenga** otteniamo ottenete **ottengano**	
CONGIUNTIVO	PRESENTE	Pensa	che	io **ottenga** tu **ottenga** lui (lei, Lei) **ottenga** noi otteniamo otteniate loro **ottengano**	
	IMPERFETTO	Pensò Pensava Ha pensato	che	io ottenessi tu ottenessi lui (lei, Lei) ottenesse noi ottenessimo voi otteneste loro ottenessero	

<table>
<tr><td colspan="2">Infinito</td><td colspan="5">PARERE</td></tr>
<tr><td rowspan="5">INDICATIVO</td><td>PRESENTE</td><td rowspan="6">mi
ti
gli
le
Le
ci
vi
gli</td><td colspan="4">pare</td><td rowspan="9">di avere
capito
tutto</td></tr>
<tr><td>IMPERFETTO</td><td colspan="4">pareva</td></tr>
<tr><td>PASSATO PROSSIMO</td><td>è</td><td colspan="3">parso</td></tr>
<tr><td>PASSATO REMOTO</td><td colspan="4">parve</td></tr>
<tr><td>FUTURO SEMPLICE</td><td colspan="4">parrà</td></tr>
<tr><td>CONDIZIONALE</td><td>PRESENTE</td><td colspan="4">parrebbe</td></tr>
<tr><td>IMPERATIVO</td><td>PRESENTE</td><td colspan="5">————</td></tr>
<tr><td rowspan="2">CONGIUNTIVO</td><td>PRESENTE</td><td colspan="2">Pensa</td><td rowspan="2">che</td><td rowspan="2">mi
ti
gli
le
Le
ci
vi
gli</td><td>paia</td></tr>
<tr><td>IMPERFETTO</td><td colspan="2">Pensava
Pensò
Ha pensato</td><td>paresse</td></tr>
</table>

Infinito		PERDERE	
INDICATIVO	PRESENTE	perdo perdi perde perdiamo perdete perdono	questa brutta abitudine
	PRE. PRO.	sto perdendo	
	IMPERFETTO	perdevo perdevi perdeva perdevamo perdevate perdevano	
	PAS. PROS.	ho perduto **(perso)**	
	PASSATO REMOTO	**persi** perdesti **perse** perdemmo perdeste **persero**	
	FUTURO SEMPLICE	perderò perderai perderà perderemo perderete perderanno	
CONDIZIONALE	PRESENTE	perderei perderesti perderebbe perderemmo perdereste perderebbero	
IMPERATIVO	PRESENTE	— perdi perda perdiamo perdete perdano	
CONGIUNTIVO	PRESENTE	Pensa che io perda tu perda lui (lei, Lei) perda noi perdiamo voi perdiate loro perdano	
	IMPERFETTO	Pensò / Pensava / Ha pensato che io perdessi tu perdessi lui (lei, Lei) perdesse noi perdessimo voi perdeste loro perdessero	

Si coniugano come Perdere: Disperdere - Sperdere.

Infinito		PERSUADERE			
INDICATIVO	PRESENTE	persuado persuadi persuade persuadiamo persuadete persuadono			Carlo a studiare
	PRE. PRO.	sto	persuadendo		
	IMPERFETTO	persuadevo persuadevi persuadeva persuadevamo persuadevate persuadevano			
	PAS. PROS.	ho	**persuaso**		
	PASSATO REMOTO	**persuasi** persuadesti **persuase** persuademmo persuadeste **persuasero**			
	FUTURO SEMPLICE	persuaderò persuaderai persuaderà persuaderemo persuaderete persuaderanno			
CONDIZIONALE	PRESENTE	persuaderei persuaderesti persuaderebbe persuaderemmo persuadereste persuaderebbero			
IMPERATIVO	PRESENTE	persuadi persuada persuadiamo persuadete persuadano			
CONGIUNTIVO	PRESENTE	Pensa	che	io persuada tu persuada lui (lei, Lei) persuada noi persuadiamo voi persuadiate loro persuadano	
	IMPERFETTO	Pensò Pensava Ha pensato	che	io persuadessi tu persuadessi lui (lei, Lei) persuadesse noi persuadessimo voi persuadeste loro persuadessero	

Si coniuga come Persuadere: Dissuadere

Infinito		PIACERE			
INDICATIVO	PRESENTE	**piaccio** piaci piace **piacciamo** piacete **piacciono**			molto a Maria
	PRE. PRO.	sto	piacendo		
	IMPERFETTO	piacevo piacevi piaceva piacevamo piacevate piacevano			
	PAS. PROS.	sono	**piaciuto, a**		
	PASSATO REMOTO	**piacqui** piacesti **piacque** piacemmo piaceste **piacquero**			
	FUTURO SEMPLICE	piacerò piacerai piacerà piaceremo piacerete piaceranno			
CONDIZIONALE	PRESENTE	piacerei piaceresti piacerebbe piaceremmo piacereste piacerebbero			
IMPERATIVO	PRESENTE	— ———			
CONGIUNTIVO	PRESENTE	Pensa	che	io **piaccia** tu **piaccia** lui (lei, Lei) **piaccia** noi **piacciamo** voi **piacciate** loro **piacciano**	
	IMPERFETTO	Pensò Pensava Ha Pensato	che	io piacessi tu piacessi lui (lei, Lei) piacesse noi piacessimo voi piaceste loro piacessero	

Si coniugano come Piacere: Dispiacere - Giacere.

Infinito					PIACERE	
INDICATIVO	PRESENTE	mi ti gli le Le ci vi gli			piace	viaggiare
					piacciono	i fiori
	PRE. PRO.				sta piacendo	il nuovo lavoro
	IMPERFETTO				piaceva	lo spettacolo
					piacevano	i quadri di quel pittore
	PASSATO PROSSIMO		è		**piaciuto**	il concerto di ieri sera
					piaciuta	la visita al museo
			sono		**piaciuti**	i monumenti di Perugia
					piaciute	le chiese di Assisi
	PASSATO REMOTO				**piacque**	l'idea di visitare un paese orientale
					piacquero	i regali ricevuti per il compleanno
	FUTURO SEMPLICE				piacerà	vedere quel film
					piaceranno	questi nuovi libri
CONDIZ.	PRESENTE				piacerebbe	andare a trovare Maria
					piacerebbero	tante cose
CONGIUNTIVO	PRESENTE	Pensa	che	mi ti gli le Le ci vi gli	**piaccia**	il vino
					piacciano	gli spaghetti
	IMPERFETTO	Pensava Pensò Ha pensato			piacesse	la birra
					piacessero	le specialità gastronomiche umbre

1) Spesso si usa il verbo impersonale Accadere senza i pronomi indiretti. Es. Accade spesso di incontrare gente strana".

Infinito		PIANGERE			
INDICATIVO	PRESENTE	piango piangi piange piangiamo piangete piangono			poco
	PRE. PRO.	sto	piangendo		
	IMPERFETTO	piangevo piangevi piangeva piangevamo piangevate piangevano			
	PAS. PROS.	ho	**pianto**		
	PASSATO REMOTO	**piansi** piangesti **pianse** piangemmo piangeste **piansero**			
	FUTURO SEMPLICE	piangerò piangerai piangerà piangeremo piangerete piangeranno			
CONDIZIONALE	PRESENTE	piangerei piangeresti piangerebbe piangeremmo piangereste piangerebbero			
IMPERATIVO	PRESENTE	— piangi pianga piangiamo piangete piangano			
CONGIUNTIVO	PRESENTE	Pensa	che	io pianga tu pianga lui (lei, Lei) pianga noi piangiamo voi piangiate loro piangano	
	IMPERFETTO	Pensò Pensava Ha pensato	che	io piangessi tu piangessi lui (lei, Lei) piangesse noi piangessimo voi piangeste loro piangessero	

Si coniugano come Piangere: Compiangere - Infrangere - Rimpiangere.

Infinito		PIOVERE			
INDICATIVO	PRESENTE	piove			a dirotto
	PRE. PRO.	sta	piovendo		
	IMPERFETTO	pioveva			
	PASSATO PROSSIMO	è / ha	piovuto		
	PASSATO REMOTO	**piovve**			
	FUTURO SEMPLICE	pioverà			
CONDIZIONALE	PRESENTE	pioverebbe			
IMPERATIVO	PRESENTE	———			
CONGIUNTIVO	PRESENTE	Pensa	che	piova	
	IMPERFETTO	Pensava Pensò Ha pensato	che	piovesse	

Infinito		PORGERE			
INDICATIVO	PRESENTE	porgo porgi porge porgiamo porgete porgono			la mano per salutare
	PRE. PRO.	sto	porgendo		
	IMPERFETTO	porgevo porgevi porgeva porgevamo porgevate porgevano			
	PAS. PROS.	ho	**porto**		
	PASSATO REMOTO	**porsi** porgesti **porse** porgemmo porgeste **porsero**			
	FUTURO SEMPLICE	porgerò porgerai porgerà porgeremo porgerete porgeranno			
CONDIZIONALE	PRESENTE	porgerei porgeresti porgerebbe porgeremmo porgereste porgerebbero			
IMPERATIVO	PRESENTE	— porgi porga porgiamo porgete porgano			
CONGIUNTIVO	PRESENTE	Pensa	che	io porga tu porga lui (lei, Lei) porga noi porgiamo voi porgiate loro porgano	
	IMPERFETTO	Pensò Pensava Ha pensato	che	io porgessi tu porgessi lui (lei, Lei) porgesse noi porgessimo voi porgeste loro porgessero	

Si coniugano come Porgere: Insorgere (Ess.) - Risorgere (Ess.) - Scorgere - Sorgere (Ess.)

Infinito		PORRE			
INDICATIVO	PRESENTE	**pongo** **poni** **pone** **poniamo** **ponete** **pongono**			
	PRE. PRO.	sto	**ponendo**		
	IMPERFETTO	**ponevo** **ponevi** **poneva** **ponevamo** **ponevate** **ponevano**			
	PAS. PROS.	ho	**posto**		
	PASSATO REMOTO	**posi** **ponesti** **pose** **ponemmo** **poneste** **posero**			
	FUTURO SEMPLICE	**porrò** **porrai** **porrà** **porremo** **porrete** **porranno**			una domanda difficile
CONDIZIONALE	PRESENTE	**porrei** **porresti** **porrebbe** **porremmo** **porreste** **porrebbero**			
IMPERATIVO	PRESENTE	**poni** **ponga** **poniamo** **ponete** **pongano**			
CONGIUNTIVO	PRESENTE	Pensa	che	io **ponga** tu **ponga** lui (lei, Lei) **ponga** noi **poniamo** voi **poniate** loro **pongano**	
	IMPERFETTO	Pensò Pensava Ha pensato		io **ponessi** tu **ponessi** lui (lei, Lei) **ponesse** noi **ponessimo** voi **poneste** loro **ponessero**	

Si coniugano come Porre: Deporre - Opporre - Predisporre - Preporre - Presupporre - Riproporre - Scomporre - Sottoporre.

Infinito		POTERE*			
INDICATIVO	PRESENTE	**posso** **puoi** **può** **possiamo** potete **possono**			telefonare a casa
	PRE. PRO.	1) –	–		
	IMPERFETTO	potevo potevi poteva potevamo potevate potevano			
	PAS. PROS.	ho	potuto		
		sono	potuto, a		uscire
	PASSATO REMOTO	potei (-etti) potesti potè (-ette) potemmo poteste poterono (-ettero)			telefonare a casa
	FUTURO SEMPLICE	**potrò** **potrai** **potrà** **potremo** **potrete** **potranno**			
CONDIZIONALE	PRESENTE	**potrei** **potresti** **potrebbe** **potremmo** **potreste** **potrebbero**			
IMPERATIVO	PRESENTE	————			
CONGIUNTIVO	PRESENTE	Pensa	che	io **possa** tu **possa** lui (lei, Lei) **possa** noi **possiamo** voi **possiate** loro **possano**	
	IMPERFETTO	Pensò Pensava Ha pensato	che	io potessi tu potessi lui (lei, Lei) potesse noi potessimo voi poteste loro potessero	1) Il gerundio è: potendo

** Usato come verbo servile, può coniugarsi con l'aus. avere o essere secondo l'infinito con cui si unisce. Usato in senso assoluto si coniuga con l'ausiliare avere: (es.: Sei andato a lezione ieri? No, non ho potuto)*

Infinito		PRENDERE			
INDICATIVO	PRESENTE	prendo prendi prende prendiamo prendete prendono			
	PRE. PRO.	sto	prendendo		
	IMPERFETTO	prendevo prendevi prendeva prendevamo prendevate prendevano			
	PAS. PROS.	ho	**preso**		
	PASSATO REMOTO	**presi** prendesti **prese** prendemmo prendeste **presero**			
	FUTURO SEMPLICE	prenderò prenderai prenderà prenderemo prenderete prenderanno			un caffè al bar
CONDIZIONALE	PRESENTE	prenderei prenderesti prenderebbe prenderemmo prendereste prenderebbero			
IMPERATIVO	PRESENTE	prendi prenda prendiamo prendete prendano			
CONGIUNTIVO	PRESENTE	Pensa	che	io prenda tu prenda lui (lei, Lei) prenda noi prendiamo voi prendiate loro prendano	
	IMPERFETTO	Pensava Pensò Ha pensato	che	io prendessi tu prendessi lui (lei, Lei) prendesse noi prendessimo voi prendeste loro prendessero	

Si coniugano come Prendere: Contendere - Distendere - Fraintendere - Intraprendere - Pretendere - Riprendere - Sospendere - Sottintendere - Tendere

Infinito		PREVEDERE		
INDICATIVO	PRESENTE	prevedo prevedi prevede prevediamo prevedete prevedono		il futuro
	PRE. PRO.	sto	prevedendo	
	IMPERFETTO	prevedevo prevedevi prevedeva prevedevamo prevedevate prevedevano		
	PAS. PROS.	ho	**previsto**	
	PASSATO REMOTO	**previdi** prevedesti **previde** prevedemmo prevedeste **previdero**		
	FUTURO SEMPLICE	**prevedrò** **prevedrai** **prevedrà** **prevedremo** **prevedrete** **prevedranno**		
CONDIZIONALE	PRESENTE	**prevedrei** **prevedresti** **prevedrebbe** **prevedremmo** **prevedreste** **prevedrebbero**		
IMPERATIVO	PRESENTE	— prevedi preveda prevediamo prevedete prevedano		
CONGIUNTIVO	PRESENTE	Pensa	che	io preveda tu preveda lui (lei, Lei) preveda noi prevediamo voi prevediate loro prevedano
	IMPERFETTO	Pensava Pensò Ha pensato	che	io prevedessi tu prevedessi lui (lei, Lei) prevedesse noi prevedessimo voi prevedeste loro prevedessero

Infinito		PRODURRE			
INDICATIVO	PRESENTE	**produco** **produci** **produce** **produciamo** **producete** **producono**			tutti i certificati richiesti
	PRE. PRO.	sto	**producendo**		
	IMPERFETTO	**producevo** **producevi** **produceva** **producevamo** **producevate** **producevano**			
	PAS. PROS.	ho	**prodotto**		
	PASSATO REMOTO	**produssi** **producesti** **produsse** **producemmo** **produceste** **produssero**			
	FUTURO SEMPLICE	**produrrò** **produrrai** **produrrà** **produrremo** **produrrete** **produrranno**			
CONDIZIONALE	PRESENTE	**produrrei** **produrresti** **produrrebbe** **produrremmo** **produrreste** **produrrebbero**			
IMPERATIVO	PRESENTE	— **produci** **produca** **produciamo** **producete** **producano**			
CONGIUNTIVO	PRESENTE	Pensa	che	io **produca** tu **produca** lui (lei, Lei) **produca** noi **produciamo** voi **produciate** loro **producano**	
	IMPERFETTO	Pensava Pensò Ha pensato	che	io **producessi** tu **producessi** lui (lei, Lei) **producesse** noi **producessimo** voi **produceste** loro **producessero**	

Si coniuga come Produrre: Riprodurre.

Infinito		PROMETTERE			
INDICATIVO	PRESENTE	prometto prometti promette promettiamo promettete promettono			di non dire più bugie
	PRE. PRO.	sto	promettendo		
	IMPERFETTO	promettevo promettevi prometteva promettevamo promettevate promettevano			
	PAS. PROS.	ho	**promesso**		
	PASSATO REMOTO	**promisi** promettesti **promise** promettemmo prometteste **promisero**			
	FUTURO SEMPLICE	prometterò prometterai prometterà prometteremo prometterete prometteranno			
CONDIZIONALE	PRESENTE	prometterei prometteresti prometterebbe prometteremmo promettereste prometterebbero			
IMPERATIVO	PRESENTE	prometti prometta promettiamo promettete promettano			
CONGIUNTIVO	PRESENTE	Pensa	che	io prometta tu prometta lui (lei, Lei) prometta noi promettiamo voi promettiate loro promettano	
	IMPERFETTO	Pensò Pensava Ha pensato	che	io promettessi tu promettessi lui (lei, Lei) promettesse noi promettessimo voi prometteste loro promettessero	

Si coniuga come Promettere: Ripromettere.

Infinito		PROMUOVERE			
INDICATIVO	PRESENTE	promuovo promuovi promuove **promoviamo** **promovete** promuovono			gli studenti meritevoli
	PRE. PRO.	sto	promuovendo		
	IMPERFETTO	**promovevo** **promovevi** **promoveva** **promovevamo** **promovevate** **promovevano**			
	PAS. PROS.	ho	**promosso**		
	PASSATO REMOTO	**promossi** **promovesti** **promosse** **promovemmo** **promoveste** **promossero**			
	FUTURO SEMPLICE	**promoverò** **promoverai** **promoverà** **promoveremo** **promoverete** **promoveranno**			
CONDIZIONALE	PRESENTE	**promoverei** **promoveresti** **promoverebbe** **promoveremmo** **promovereste** **promoverebbero**			
IMPERATIVO	PRESENTE	— promuovi promuova **promoviamo** **promovete** promuovano			
CONGIUNTIVO	PRESENTE	Pensa	che	io promuova tu promovua lui (lei, Lei) promuova noi **promoviamo** voi **promoviate** loro promuovano	
	IMPERFETTO	Pensò Pensava Ha pensato	che	io **promovessi** tu **promovessi** lui (lei, lei) **promovesse** noi **promovessimo** voi **promoveste** loro **promovessero**	

Spero che stasera **possiate** venire a casa mia

SCHEMA RIASSUNTIVO DEL CONGIUNTIVO

<table>
<tr><td rowspan="10">(ora)

penso</td><td rowspan="7">che</td><td rowspan="7">lui</td><td>stia</td><td>...ando
...endo
...endo</td><td>(ora)</td></tr>
<tr><td colspan="2" rowspan="3">sia...
abbia...
...i (...are)
...a (...ere)
...a (...ire)
...isca (...ire)</td><td>(ora)</td></tr>
<tr><td>(ogni giorno)</td></tr>
<tr><td></td></tr>
<tr><td>abbia</td><td rowspan="2">...ato
...uto
...ito</td><td rowspan="2">(ieri)</td></tr>
<tr><td>sia</td></tr>
<tr><td colspan="2">...rà</td><td>(domani)</td></tr>
<tr><td colspan="2" rowspan="3">di</td><td colspan="2">...are
...ere
...ire</td><td>(ora)

(domani)</td></tr>
<tr><td>avere</td><td rowspan="2">...ato
...uto
...ito</td><td rowspan="2">(ieri)</td></tr>
<tr><td>essere</td></tr>
</table>

<table>
<tr><td rowspan="12">(ieri alle 8)

Pensavo

Pensai

Ho pensato</td><td rowspan="8">che</td><td rowspan="8">lui</td><td>stesse</td><td>...ando
...endo
...endo</td><td>(ieri alle 8)</td></tr>
<tr><td colspan="2" rowspan="3">.....sse</td><td>(ieri alle 8)</td></tr>
<tr><td>(azione abituale nel passato)</td></tr>
<tr><td></td></tr>
<tr><td>avesse</td><td rowspan="2">...ato
...uto
...ito</td><td rowspan="2">(ieri alle 7)</td></tr>
<tr><td>fosse</td></tr>
<tr><td>avrebbe</td><td rowspan="2">...ato
...uto
...ito</td><td></td></tr>
<tr><td>sarebbe</td><td>(ieri alle 9)</td></tr>
<tr><td colspan="2" rowspan="4">di</td><td colspan="2" rowspan="2">...are
...ere
...ire</td><td>(ieri alle 8)</td></tr>
<tr><td>(ieri alle 9)</td></tr>
<tr><td>avere</td><td rowspan="2">...ato
...uto
...ito</td><td rowspan="2">(ieri alle 7)</td></tr>
<tr><td>essere</td></tr>
</table>

Infinito		PROPORRE	
INDICATIVO	PRESENTE	**propongo** **proponi** **propone** **proponiamo** **proponete** **propongono**	
	PRE. PRO.	sto **proponendo**	
	IMPERFETTO	**proponevo** **proponevi** **proponeva** **proponevamo** **proponevate** **proponevano**	
	PAS. PROS.	ho **proposto**	
	PASSATO REMOTO	**proposi** **proponesti** **propose** **proponemmo** **proponeste** **proposero**	
	FUTURO SEMPLICE	**proporrò** **proporrai** **proporrà** **proporremo** **proporrete** **proporranno**	l'adozione di questo libro
CONDIZIONALE	PRESENTE	**proporrei** **proporresti** **proporrebbe** **proporremmo** **proporreste** **proporrebbero**	
IMPERATIVO	PRESENTE	**proponi** **proponga** **proponiamo** **proponete** **propongano**	
CONGIUNTIVO	PRESENTE	Pensa che io **proponga** tu **proponga** lui (lei, Lei) **proponga** noi **proponiamo** voi **proponiate** loro **propongano**	
	IMPERFETTO	Pensò / Pensava / Ha pensato che io **proponessi** tu **proponessi** lui (lei, Lei) **proponesse** noi **proponessimo** voi **proponeste** loro **proponessero**	

Infinito		PROVVEDERE			
INDICATIVO	PRESENTE	provvedo provvedi provvede provvediamo provvedete provvedono			
	PRE. PRO.	sto	provvedendo		
	IMPERFETTO	provvedevo provvedevi provvedeva provvedevamo provvedevate provvedevano			
	PAS. PROS.	ho	provveduto		
	PASSATO REMOTO	**provvidi** provvedesti **provvide** provvedemmo provvedeste **provvidero**			
	FUTURO SEMPLICE	provvederò provvederai provvederà provvederemo provvederete provvederanno			al mantenimento della famiglia
CONDIZIONALE	PRESENTE	provvederei provvederesti provvederebbe provvederemmo provvedereste provvederebbero			
IMPERATIVO	PRESENTE	— provvedi provveda provvediamo provvedete provvedano			
CONGIUNTIVO	PRESENTE	Pensa	che	io provveda tu provveda lui (lei, Lei) provveda noi provvediamo voi provvediate loro provvedano	
	IMPERFETTO	Pensò Pensava Ha pensato	che	io provvedessi tu provvedessi lui (lei, Lei) provvedesse noi provvedessimo voi provvedeste loro provvedessero	

Infinito		RACCOGLIERE		
INDICATIVO	PRESENTE	**raccolgo** **raccogli** raccoglie **raccogliamo** raccogliete **raccolgono**		
	PRE. PRO.	sto	raccogliendo	
	IMPERFETTO	raccoglievo raccoglievi raccoglieva raccoglievamo raccoglievate raccoglievano		
	PAS. PROS.	Ho	**raccolto**	
	PASSATO REMOTO	**raccolsi** raccogliesti **raccolse** raccogliemmo raccoglieste **raccolsero**		
	FUTURO SEMPLICE	raccoglierò raccoglierai raccoglierà raccoglieremo raccoglierete raccoglieranno		le fragole in giardino
CONDIZIONALE	PRESENTE	raccoglierei raccoglieresti raccoglierebbe raccoglieremmo raccogliereste raccoglierebbero		
IMPERATIVO	PRESENTE	**raccogli** **raccolga** **raccogliamo** raccogliete **raccolgano**		
CONGIUNTIVO	PRESENTE	Pensa che	io **raccolga** tu **raccolga** lui (lei, Lei) **raccolga** noi **raccogliamo** voi **raccogliate** loro **raccolgano**	
	IMPERFETTO	Pensò Pensava che Ha pensato	io raccogliessi tu raccogliessi lui (lei, Lei) raccogliesse noi raccogliessimo voi raccoglieste loro raccogliessero	

Infinito		RAGGIUNGERE			
INDICATIVO	PRESENTE	raggiungo raggiungi raggiunge raggiungiamo raggiungete raggiungono			il posto di lavoro in treno
	PRE. PRO.	sto	raggiungendo		
	IMPERFETTO	raggiungevo raggiungevi raggiungeva raggiungevamo raggiungevate raggiungevano			
	PAS. PROS.	ho	**raggiunto**		
	PASSATO REMOTO	**raggiunsi** raggiungesti **raggiunse** raggiungemmo raggiungeste **raggiunsero**			
	FUTURO SEMPLICE	raggiungerò raggiungerai raggiungerà raggiungeremo raggiungerete raggiungeranno			
CONDIZIONALE	PRESENTE	raggiungerei raggiungeresti raggiungerebbe raggiungeremmo raggiungereste raggiungerebbero			
IMPERATIVO	PRESENTE	raggiungi raggiunga raggiungiamo raggiungete raggiungano			
CONGIUNTIVO	PRESENTE	Pensa	che	io raggiunga tu raggiunga lui (lei, Lei) raggiunga noi raggiungiamo voi raggiungiate loro raggiungano	
	IMPERFETTO	Pensò Pensava Ha pensato	che	io raggiungessi tu raggiungessi lui (lei, Lei) raggiungesse noi raggiungessimo voi raggiungeste loro raggiungessero	

Si coniugano come Raggiungere: Soggiungere - Sopraggiungere (Ess.).

Infinito		RENDERE			
INDICATIVO	PRESENTE	rendo rendi rende rendiamo rendete rendono			
	PRE. PRO.	sto	rendendo		
	IMPERFETTO	rendevo rendevi rendeva rendevamo rendevate rendevano			
	PAS. PROS.	ho	**reso**		
	PASSATO REMOTO	**resi** rendesti **rese** rendemmo rendeste **resero**			il libro a Paolo
	FUTURO SEMPLICE	renderò renderai renderà renderemo renderete renderanno			
CONDIZIONALE	PRESENTE	renderei renderesti renderebbe renderemmo rendereste renderebbero			
IMPERATIVO	PRESENTE	rendi renda rendiamo rendete rendano			
CONGIUNTIVO	PRESENTE	Pensa	che	io renda tu renda lui (lei, Lei) renda noi rendiamo voi rendiate loro rendano	
	IMPERFETTO	Pensò Pensava Ha pensato	che	io rendessi tu rendessi lui (lei, Lei) rendesse noi rendessimo voi rendeste loro rendessero	

Infinito		RESISTERE			
INDICATIVO	PRESENTE	resisto resisti resiste resistiamo resistete resistono			
	PRE. PRO.	sto	resistendo		
	IMPERFETTO	resistevo resistevi resisteva resistevamo resistevate resistevano			
	PAS. PROS.	ho	**resistito**		
	PASSATO REMOTO	resistei (-etti) resistesti resisté (-ette) resistemmo resisteste resisterono (-ettero)			
	FUTURO SEMPLICE	resisterò resisterai resisterà resisteremo resisterete resisteranno			con tutte le forze
CONDIZIONALE	PRESENTE	resisterei resisteresti resisterebbe resisteremmo resistereste resisterebbero			
IMPERATIVO	PRESENTE	— resisti resista resistiamo resistete resistano			
CONGIUNTIVO	PRESENTE	Pensa	che	io resista tu resista lui (lei, Lei) resista noi resistiamo voi resistiate loro resistano	
	IMPERFETTO	Pensò Pensava Ha pensato	che	io resistessi tu resistessi lui (lei, Lei) resistesse noi resistessimo voi resisteste loro resistessero	

Infinito		RICONOSCERE			
INDICATIVO	PRESENTE	riconosco riconosci riconosce riconosciamo riconoscete riconoscono			
	PRE. PRO.	sto	riconoscendo		
	IMPERFETTO	riconoscevo riconoscevi riconosceva riconoscevamo riconoscevate riconoscevano			
	PAS. PROS.	ho	**riconosciuto**		
	PASSATO REMOTO	**riconobbi** riconoscesti **riconobbe** riconoscemmo riconosceste **riconobbero**			
	FUTURO SEMPLICE	riconoscerò riconoscerai riconoscerà riconosceremo riconoscerete riconosceranno			di aver sbagliato
CONDIZIONALE	PRESENTE	riconoscerei riconosceresti riconoscerebbe riconosceremmo riconoscereste riconoscerebbero			
IMPERATIVO	PRESENTE	riconosci riconosca riconosciamo riconoscete riconoscano			
CONGIUNTIVO	PRESENTE	Pensa	che	io riconosca tu riconosca lui (lei, Lei) riconosca noi riconosciamo voi riconosciate loro riconoscano	
	IMPERFETTO	Pensò Pensava Ha pensato	che	io riconoscessi tu riconoscessi lui (lei, Lei) riconoscesse noi riconoscessimo voi riconosceste loro riconoscessero	

Infinito		RIDERE			
INDICATIVO	PRESENTE	rido ridi ride ridiamo ridete ridono			
INDICATIVO	PRE. PRO.	sto	ridendo		
INDICATIVO	IMPERFETTO	ridevo ridevi rideva ridevamo ridevate ridevano			
INDICATIVO	PAS. PROS.	ho	**riso**		
INDICATIVO	PASSATO REMOTO	**risi** ridesti **rise** ridemmo rideste **risero**			
INDICATIVO	FUTURO SEMPLICE	riderò riderai riderà rideremo riderete rideranno			per non piangere
CONDIZIONALE	PRESENTE	riderei rideresti riderebbe rideremmo ridereste riderebbero			
IMPERATIVO	PRESENTE	ridi rida ridiamo ridete ridano			
CONGIUNTIVO	PRESENTE	Pensa	che	io rida tu rida lui (lei, Lei) rida noi ridiamo voi ridiate loro ridano	
CONGIUNTIVO	IMPERFETTO	Pensò Pensava Ha pensato	che	io ridessi tu ridessi lui (lei, Lei) ridesse noi ridessimo voi rideste loro ridessero	

Si coniuga come Ridere: Deridere.

Infinito		RIDURRE		
INDICATIVO	PRESENTE	**riduco** **riduci** **riduce** **riduciamo** **riducete** **riducono**		le spese
	PRE. PRO.	sto **riducendo**		
	IMPERFETTO	**riducevo** **riducevi** **riduceva** **riducevamo** **riducevate** **riducevano**		
	PAS. PROS.	ho **ridotto**		
	PASSATO REMOTO	**ridussi** **riducesti** **ridusse** **riducemmo** **riduceste** **ridussero**		
	FUTURO SEMPLICE	**ridurrò** **ridurrai** **ridurrà** **ridurremo** **ridurrete** **ridurranno**		
CONDIZIONALE	PRESENTE	**ridurrei** **ridurresti** **ridurrebbe** **ridurremmo** **ridurreste** **ridurrebbero**		
IMPERATIVO	PRESENTE	**riduci** **riduca** **riduciamo** **riducete** **riducano**		
CONGIUNTIVO	PRESENTE	Pensa che	io **riduca** tu **riduca** lui (lei, Lei) **riduca** noi **riduciamo** voi **riduciate** loro **riducano**	
	IMPERFETTO	Pensò Pensava Ha pensato che	io **riducessi** tu **riducessi** lui (lei, Lei) **riducesse** noi **riducessimo** voi **riduceste** loro **riducessero**	

Infinito		RIEMPIRE			
INDICATIVO	PRESENTE	**riempio** riempi **riempie** riempiamo riempite **riempiono**			
	PRE. PRO.	sto	**riempiendo**		
	IMPERFETTO	riempivo riempivi riempiva riempivamo riempivate riempivano			
	PAS. PROS.	ho	riempito		
	PASSATO REMOTO	riempii riempisti riempí riempimmo riempiste riempirono			
	FUTURO SEMPLICE	riempirò riempirai riempirà riempiremo riempirete riempiranno			il modulo per la domanda
CONDIZIONALE	PRESENTE	riempirei riempiresti riempirebbe riempiremmo riempireste riempirebbero			
IMPERATIVO	PRESENTE	riempi **riempia** riempiamo riempite **riempiano**			
CONGIUNTIVO	PRESENTE	Pensa	che	io **riempia** tu **riempia** lui (lei, Lei) **riempia** noi riempiamo voi riempiate loro **riempiano**	
	IMPERFETTO	Pensò Pensava Ha pensato	che	io riempissi tu riempissi lui (lei, Lei) riempisse noi riempissimo voi riempiste loro riempissero	

Infinito		RIFLETTERE			
INDICATIVO	PRESENTE	rifletto rifletti riflette riflettiamo riflettete riflettono			
	PRE. PRO.	sto	riflettendo		
	IMPERFETTO	riflettevo riflettevi rifletteva riflettevamo riflettevate riflettevano			
	PAS. PROS.	ho	riflettuto		
	PASSATO REMOTO	**riflessi** (-ettei) riflettesti **riflesse** (-etté) riflettemmo rifletteste **riflessero** (-etterono)			
	FUTURO SEMPLICE	rifletterò rifletterai rifletterà rifletteremo rifletterete rifletteranno			prima di parlare
CONDIZIONALE	PRESENTE	rifletterei rifletteresti rifletterebbe rifletteremmo riflettereste rifletterebbero			
IMPERATIVO	PRESENTE	rifletti rifletta riflettiamo riflettete riflettano			
CONGIUNTIVO	PRESENTE	Pensa	che	io rifletta tu rifletta lui (lei, Lei) rifletta noi riflettiamo voi riflettiate loro riflettano	
	IMPERFETTO	Pensò Pensava Ha pensato	che	io riflettessi tu riflettessi lui (lei, Lei) riflettesse noi riflettessimo voi rifletteste loro riflettessero	

Infinito		RIMANERE			
INDICATIVO	PRESENTE	**rimango** rimani rimane rimaniamo rimanete **rimangono**			da Maria per il fine settimana
	PRE. PRO.	1) –	–		
	IMPERFETTO	rimanevo rimanevi rimaneva rimanevamo rimanevate rimanevano			
	PAS. PROS.	sono	**rimasto, a**		
	PASSATO REMOTO	**rimasi** rimanesti **rimase** rimanemmo rimaneste **rimasero**			
	FUTURO SEMPLICE	**rimarrò** **rimarrai** **rimarrà** **rimarremo** **rimarrete** **rimarranno**			
CONDIZIONALE	PRESENTE	**rimarrei** **rimarresti** **rimarrebbe** **rimarremmo** **rimarreste** **rimarrebbero**			
IMPERATIVO	PRESENTE	rimani **rimanga** rimaniamo rimanete **rimangano**			
CONGIUNTIVO	PRESENTE	Pensa	che	io **rimanga** tu **rimanga** lui (lei, Lei) **rimanga** noi rimaniamo voi rimaniate loro **rimangano**	
	IMPERFETTO	Pensò Pensava Ha pensato	che	io rimanessi tu rimanessi lui (lei, Lei) rimanesse noi rimanessimo voi rimaneste loro rimanessero	

1) Il gerundio è: rimanendo

Infinito		RIMETTERE			
INDICATIVO	PRESENTE	rimetto rimetti rimette rimettiamo rimettete rimettono			tutto a posto
	PRE. PRO.	sto	rimettendo		
	IMPERFETTO	rimettevo rimettevi rimetteva rimettevamo rimettevate rimettevano			
	PAS. PROS.	ho	**rimesso**		
	PASSATO REMOTO	**rimisi** rimettesti **rimise** rimettemmo rimetteste **rimisero**			
	FUTURO SEMPLICE	rimetterò rimetterai rimetterà rimetteremo rimetterete rimetteranno			
CONDIZIONALE	PRESENTE	rimetterei rimetteresti rimetterebbe rimetteremmo rimettereste rimetterebbero			
IMPERATIVO	PRESENTE	rimetti rimetta rimettiamo rimettete rimettano			
CONGIUNTIVO	PRESENTE	Pensa	che	io rimetta tu rimetta lui (lei, Lei) rimetta noi rimettiamo voi rimettiate loro rimettano	
	IMPERFETTO	Pensò Pensava Ha pensato	che	io rimettessi tu rimettessi lui (lei, Lei) rimettesse noi rimettessimo voi rimetteste loro rimettessero	

Infinito		RISOLVERE			
INDICATIVO	PRESENTE	risolvo risolvi risolve risolviamo risolvete risolvono			un grosso problema
	PRE. PRO.	sto	risolvendo		
	IMPERFETTO	risolvevo risolvevi risolveva risolvevamo risolvevate risolvevano			
	PAS. PROS.	ho	**risolto**		
	PASSATO REMOTO	**risolsi** risolvesti **risolse** risolvemmo risolveste **risolsero**			
	FUTURO SEMPLICE	risolverò risolverai risolverà risolveremo risolverete risolveranno			
CONDIZIONALE	PRESENTE	risolverei risolveresti risolverebbe risolveremmo risolvereste risolverebbero			
IMPERATIVO	PRESENTE	risolvi risolva risolviamo risolvete risolvano			
CONGIUNTIVO	PRESENTE	Pensa	che	io risolva tu risolva lui (lei, Lei) risolva noi risolviamo voi risolviate loro risolvano	
	IMPERFETTO	Pensò Pensava Ha pensato	che	io risolvessi tu risolvessi lui (lei, Lei) risolvesse noi risolvessimo voi risolveste loro risolvessero	

<table>
<tr><td colspan="3">Infinito</td><td colspan="3">RISPONDERE</td></tr>
<tr><td rowspan="7">INDICATIVO</td><td>PRESENTE</td><td colspan="3">rispondo
rispondi
risponde
rispondiamo
ripondete
rispondono</td><td rowspan="11">alle domande</td></tr>
<tr><td>PRE. PRO.</td><td>sto</td><td colspan="2">rispondendo</td></tr>
<tr><td>IMPERFETTO</td><td colspan="3">rispondevo
rispondevi
rispondeva
rispondevamo
rispondevate
rispondevano</td></tr>
<tr><td>PAS. PROS.</td><td>ho</td><td colspan="2">risposto</td></tr>
<tr><td>PASSATO REMOTO</td><td colspan="3">risposi
rispondesti
rispose
rispondemmo
rispondeste
risposero</td></tr>
<tr><td>FUTURO SEMPLICE</td><td colspan="3">risponderò
risponderai
risponderà
risponderemo
risponderete
risponderanno</td></tr>
<tr><td>CONDIZIONALE</td><td>PRESENTE</td><td colspan="3">risponderei
risponderesti
risponderebbe
risponderemmo
rispondereste
risponderebbero</td></tr>
<tr><td>IMPERATIVO</td><td>PRESENTE</td><td colspan="3">rispondi
risponda
rispondiamo
rispondete
rispondano</td></tr>
<tr><td rowspan="2">CONGIUNTIVO</td><td>PRESENTE</td><td>Pensa</td><td>che</td><td>io risponda
tu risponda
lui (lei, Lei) risponda
noi rispondiamo
voi rispondiate
loro rispondano</td></tr>
<tr><td>IMPERFETTO</td><td>Pensò
Pensava
Ha pensato</td><td>che</td><td>io rispondessi
tu rispondessi
lui (lei, Lei) rispondesse
noi rispondessimo
voi rispondeste
loro rispondessero</td></tr>
</table>

Si coniuga come Rispondere: Corrispondere.

Infinito		RITENERE			
INDICATIVO	PRESENTE	**ritengo** **ritieni** **ritiene** riteniamo ritenete **ritengono**			
	PRE. PRO.	sto	ritenendo		
	IMPERFETTO	ritenevo ritenevi riteneva ritenevamo ritenevate ritenevano			
	PAS. PROS.	ho	ritenuto		
	PASSATO REMOTO	**ritenni** ritenesti **ritenne** ritenemmo riteneste **ritennero**			
	FUTURO SEMPLICE	**riterrò** **riterrai** **riterrà** **riterremo** **riterrete** **riterranno**			sbagliata la risposta
CONDIZIONALE	PRESENTE	**riterrei** **riterresti** **riterrebbe** **riterremmo** **riterreste** **riterrebbero**			
IMPERATIVO	PRESENTE	**ritieni** **ritenga** riteniamo ritenete **ritengano**			
CONGIUNTIVO	PRESENTE	Pensa	che	io **ritenga** tu **ritenga** lui (lei, Lei) **ritenga** noi riteniamo voi riteniate loro **ritengano**	
	IMPERFETTO	Pensò Pensava Ha pensato	che	io ritenessi tu ritenessi lui (lei, Lei) ritenesse noi ritenessimo voi riteneste loro ritenessero	

Infinito		RIUSCIRE			
INDICATIVO	PRESENTE	**riesco** **riesci** **riesce** riusciamo riuscite **riescono**			a non perdere la calma
	PRE. PRO.	sto	riuscendo		
	IMPERFETTO	riuscivo riuscivi riusciva riuscivamo riuscivate riuscivano			
	PAS. PROS.	sono	riuscito, a		
	PASSATO REMOTO	riuscii riuscisti riuscí riuscimmo riusciste riuscirono			
	FUTURO SEMPLICE	riuscirò riuscirai riuscirà riusciremo riuscirete riusciranno			
CONDIZIONALE	PRESENTE	riuscirei riusciresti riuscirebbe riusciremmo riuscireste riuscirebbero			
IMPERATIVO	PRESENTE	**riesci** **riesca** riusciamo riuscite **riescano**			
CONGIUNTIVO	PRESENTE	Pensa	che	io **riesca** tu **riesca** lui (lei, Lei) **riesca** noi riusciamo voi riusciate loro **riescano**	
	IMPERFETTO	Pensò Pensava Ha pensato	che	io riuscissi tu riuscissi lui (lei, Lei) riuscisse noi riuscissimo voi riusciste loro riuscissero	

Infinito		ROMPERE			
INDICATIVO	PRESENTE	rompo rompi rompe rompiamo rompete rompono			
	PRE. PRO.	sto	rompendo		
	IMPERFETTO	rompevo rompevi rompeva rompevamo rompevate rompevano			
	PAS. PROS.	ho	**rotto**		
	PASSATO REMOTO	**ruppi** rompesti **ruppe** rompemmo rompeste **ruppero**			
	FUTURO SEMPLICE	romperò romperai romperà romperemo romperete romperanno			tutto
CONDIZIONALE	PRESENTE	romperei romperesti romperebbe romperemmo rompereste romperebbero			
IMPERATIVO	PRESENTE	rompi rompa rompiamo rompete rompano			
CONGIUNTIVO	PRESENTE	Pensa	che	io rompa tu rompa lui (lei, Lei) rompa noi rompiamo voi rompiate loro rompano	
	IMPERFETTO	Pensò Pensava Ha pensato	che	io rompessi tu rompessi lui (lei, Lei) rompesse noi rompessimo voi rompeste loro rompessero	

Si coniuga come Rompere: Interrompere.

Infinito		SALIRE	
INDICATIVO	PRESENTE	**salgo** sali sale saliamo salite **salgono**	le scale in fretta
	PRE. PRO.	sto salendo	le scale in fretta
	IMPERFETTO	salivo salivi saliva salivamo salivate salivano	le scale in fretta
	PAS. PROS.	ho salito	le scale in fretta
		1) sono salito, a	da te
	PASSATO REMOTO	salii salisti salí salimmo saliste salirono	le scale in fretta
	FUTURO SEMPLICE	salirò salirai salirà saliremo salirete saliranno	le scale in fretta
CONDIZIONALE	PRESENTE	salirei saliresti salirebbe saliremmo salireste salirebbero	le scale in fretta
IMPERATIVO	PRESENTE	sali **salga** saliamo salite **salgano**	le scale in fretta
CONGIUNTIVO	PRESENTE	Pensa che io **salga** tu **salga** lui (lei, Lei) **salga** noi saliamo voi saliate loro **salgano**	le scale in fretta
	IMPERFETTO	Pensò / Pensava / Ha pensato che io salissi tu salissi lui (lei, Lei) salisse noi salissimo voi saliste loro salissero	le scale in fretta

1) Si usa l'aus. Essere quando l'azione è considerata in rapporto ad un luogo espresso o sottinteso.
Si coniuga come Salire: Assalire (Av.), Risalire (Av.).

Infinito		SAPERE	
INDICATIVO	PRESENTE	**so** **sai** **sa** **sappiamo** sapete **sanno**	
	PRE. PRO.		
	IMPERFETTO	sapevo sapevi sapeva sapevamo sapevate sapevano	
	PAS. PROS.	ho saputo	
	PASSATO REMOTO	**seppi** sapesti **seppe** sapemmo sapeste **seppero**	
	FUTURO SEMPLICE	**saprò** **saprai** **saprà** **sapremo** **saprete** **sapranno**	tutta la verità
CONDIZIONALE	PRESENTE	**saprei** **sapresti** **saprebbe** **sapremmo** **sapreste** **saprebbero**	
IMPERATIVO	PRESENTE	**sappi** **sappia** **sappiamo** **sappiate** **sappiano**	
CONGIUNTIVO	PRESENTE	Pensa che io **sappia** tu **sappia** lui (lei, Lei) **sappia** noi **sappiamo** voi **sappiate** loro **sappiano**	
	IMPERFETTO	Pensò / Pensava / Ha pensato che io sapessi tu sapessi lui (lei, Lei) sapesse noi sapessimo voi sapeste loro sapessero	

<table>
<tr><td>Infinito</td><td colspan="4">SCEGLIERE</td><td></td></tr>
<tr><td rowspan="7">INDICATIVO</td><td>PRESENTE</td><td colspan="3">scelgo
scegli
sceglie
scegliamo
scegliete
scelgono</td><td rowspan="11">una cravatta adatta al nuovo vestito</td></tr>
<tr><td>PRE. PRO.</td><td>sto</td><td colspan="2">scegliendo</td></tr>
<tr><td>IMPERFETTO</td><td colspan="3">sceglievo
sceglievi
sceglieva
sceglievano
sceglievate
sceglievano</td></tr>
<tr><td>PAS. PROS.</td><td>ho</td><td colspan="2">scelto</td></tr>
<tr><td>PASSATO REMOTO</td><td colspan="3">scelsi
scegliesti
scelse
scegliemmo
sceglieste
scelsero</td></tr>
<tr><td>FUTURO SEMPLICE</td><td colspan="3">sceglierò
sceglierai
sceglierà
sceglieremo
sceglierete
sceglieranno</td></tr>
<tr></tr>
<tr><td>CONDIZIONALE</td><td>PRESENTE</td><td colspan="3">sceglierei
sceglieresti
sceglierebbe
sceglieremmo
scegliereste
sceglierebbero</td></tr>
<tr><td>IMPERATIVO</td><td>PRESENTE</td><td colspan="3">—
scegli
scelga
scegliamo
scegliete
scelgano</td></tr>
<tr><td rowspan="2">CONGIUNTIVO</td><td>PRESENTE</td><td>Pensa</td><td>che</td><td>io scelga
tu scelga
lui (lei, Lei) scelga
noi scegliamo
voi scegliate
loro scelgano</td></tr>
<tr><td>IMPERFETTO</td><td>Pensò
Pensava
Ha pensato</td><td>che</td><td>io scegliessi
tu scegliessi
lui (lei, Lei) scegliesse
noi scegliessimo
voi sceglieste
loro scegliessero</td></tr>
</table>

Infinito		SCENDERE	
INDICATIVO	PRESENTE	scendo scendi scende scendiamo scendete scendono	le scale
	PRE. PRO.	sto scendendo	
	IMPERFETTO	scendevo scendevi scendeva scendevamo scendevate scendevano	
	PAS. PROS.	ho **sceso**	
		1) sono **sceso, a**	dal treno
	PASSATO REMOTO	**scesi** scendesti **scese** scendemmo scendeste **scesero**	le scale
	FUTURO SEMPLICE	scenderò scenderai scenderà scenderemo scenderete scenderanno	
CONDIZIONALE	PRESENTE	scenderei scenderesti scenderebbe scenderemmo scendereste scenderebbero	
IMPERATIVO	PRESENTE	— scendi scenda scendiamo scendete scendano	
CONGIUNTIVO	PRESENTE	Pensa che io scenda tu scenda lui (lei, Lei) scenda noi scendiamo voi scendiate loro scendano	
	IMPERFETTO	Pensò / Pensava / Ha pensato che io scendessi tu scendessi lui (lei, Lei) scendesse noi scendessimo voi scendeste loro scendessero	

1) Si usa l'aus. Essere quando l'azione è considerata in rapporto ad un luogo espresso o sottinteso.
Si coniuga come Scendere: Discendere, Trascendere.

Infinito		SCOPRIRE			
INDICATIVO	PRESENTE	scopro scopri scopre scopriamo scoprite scopronc			l'errore
	PRE. PRO.	sto	scoprendo		
	IMPERFETTO	scoprivo scoprivi scopriva scoprivamo scoprivate scoprivano			
	PAS. PROS.	ho	**scoperto**		
	PASSATO REMOTO	scoprii scopristi scoprí scoprimmo scopriste scoprirono			
	FUTURO SEMPLICE	scoprirò scoprirai scoprirà scopriremo scoprirete scopriranno			
CONDIZIONALE	PRESENTE	scoprirei scopriresti scoprirebbe scopriremmo scoprireste scoprirebbero			
IMPERATIVO	PRESENTE	scopri scopra scopriamo scoprite scoprano			
CONGIUNTIVO	PRESENTE	Pensa	che	io scopra tu scopra lui (lei, Lei) scopra noi scopriamo voi scopriate loro scoprano	
	IMPERFETTO	Pensò Pensava Ha pensato	che	io scoprissi tu scoprissi lui (lei, Lei) scoprisse nooi scoprissimo voi scopriste loro scoprissero	

Si coniuga come Scoprire: Riscoprire.

Infinito		SCRIVERE			
INDICATIVO	PRESENTE	scrivo scrivi scrive scriviamo scrivete scrivono			una lettera a Gaia
	PRE. PRO.	sto	scrivendo		
	IMPERFETTO	scrivevo scrivevi scriveva scrivevamo scrivevate scrivevano			
	PAS. PROS.	ho	**scritto**		
	PASSATO REMOTO	**scrissi** scrivesti **scrisse** scrivemmo scriveste **scrissero**			
	FUTURO SEMPLICE	scriverò scriverai scriverà scriveremo scriverete scriveranno			
CONDIZIONALE	PRESENTE	scriverei scriveresti scriverebbe scriveremmo scrivereste scriverebbero			
IMPERATIVO	PRESENTE	scrivi scriva scriviamo scrivete scrivano			
CONGIUNTIVO	PRESENTE	Pensa	che	io scriva tu scriva lui (lei, Lei) scriva noi scriviamo voi scriviate loro scrivano	
	IMPERFETTO	Pensò Pensava Ha pensato	che	io scrivessi tu scrivessi lui (lei, Lei) scrivesse noi scrivessimo voi scriveste loro scrivessero	

Si coniuga come Scrivere: Iscrivere - Prescrivere - Sottoscrivere - Trascrivere

Infinito		SEDERE			
INDICATIVO	PRESENTE	**siedo** **siedi** **siede** sediamo sedete **siedono**			a tavola
	PRE. PRO.	sto	sedendo		
	IMPERFETTO	sedevo sedevi sedeva sedevamo sedevate sedevano			
	PAS. PROS.	sono	seduto, a		
	PASSATO REMOTO	sedei sedesti sedé sedemmo sedeste sederono			
	FUTURO SEMPLICE	sederò sederai sederà sederemo sederete sederanno			
CONDIZIONALE	PRESENTE	sederei sederesti sederebbe sederemmo sedereste sederebbero			
IMPERATIVO	PRESENTE	**siedi** **sieda** sediamo sedete **siedano**			
CONGIUNTIVO	PRESENTE	Pensa	che	io **sieda (segga)** tu **sieda (segga)** lui (lei, Lei) **sieda (segga)** noi sediamo voi sediate loro **siedano (seggano)**	
	IMPERFETTO	Pensò Pensava Ha pensato	che	io sedessi tu sedessi lui (lei, Lei) sedesse noi sedessimo voi sedeste loro sedessero	

Si coniugano come Sedere: Possedere Soprassedere (Av.)

Infinito		SMETTERE			
INDICATIVO	PRESENTE	smetto smetti smette smettiamo smettete smettono			di fumare
	PRE. PRO.	sto	smettendo		
	IMPERFETTO	smettevo smettevi smetteva smettevamo smettevate smettevano			
	PAS. PROS.	ho	**smesso**		
	PASSATO REMOTO	**smisi** smettesti **smise** smettemmo smetteste **smisero**			
	FUTURO SEMPLICE	smetterò smetterai smetterà smetteremo smetterete smetteranno			
CONDIZIONALE	PRESENTE	smetterei smetteresti smetterebbe smetteremmo smettereste smetterebbero			
IMPERATIVO	PRESENTE	— smetti smetta smettiamo smettete smettano			
CONGIUNTIVO	PRESENTE	Pensa	che	io smetta tu smetta lui (lei, Lei) smetta noi smettiamo voi smettiate loro smettano	
	IMPERFETTO	Pensò Pensava Ha pensato	che	io smettessi tu smettessi lui (lei, Lei) smettesse noi smettessimo voi smetteste loro smettessero	

Infinito		SOFFRIRE			
INDICATIVO	PRESENTE	soffro soffri soffre soffriamo soffrite soffrono			in silenzio
	PRE. PRO.	sto	soffrendo		
	IMPERFETTO	soffrivo soffrivi soffriva soffrivamo soffrivate soffrivano			
	PAS. PROS.	ho	**sofferto**		
	PASSATO REMOTO	soffrii soffristi soffrí soffrimmo soffriste soffrirono			
	FUTURO SEMPLICE	soffrirò soffrirai soffrirà soffriremo soffrirete soffriranno			
CONDIZIONALE	PRESENTE	soffrirei soffriresti soffrirebbe soffriremmo soffrireste soffrirebbero			
IMPERATIVO	PRESENTE	soffri soffra soffriamo soffrite soffrano			
CONGIUNTIVO	PRESENTE	Pensa	che	io soffra tu soffra lui (lei, Lei) soffra noi soffriamo voi soffriate loro soffrano	
	IMPERFETTO	Pensò Pensava Ha pensato	che	io soffrissi tu soffrissi lui (lei, Lei) soffrisse noi soffrissimo voi soffriste loro soffrissero	

Infinito		SORPRENDERE			
INDICATIVO	PRESENTE	sorprendo sorprendi sorprende sorprendiamo sorprendete sorprendono			il ladro in flagrante
	PRE. PRO.	sto	sorprendendo		
	IMPERFETTO	sorprendevo sorprendevi sorprendeva sorprendevamo sorprendevate sorprendevano			
	PAS. PROS.	ho	**sorpreso**		
	PASSATO REMOTO	**sorpresi** sorprendesti **sorprese** sorprendemmo sorprendeste **sorpresero**			
	FUTURO SEMPLICE	sorprenderò sorprenderai sorprenderà sorprenderemo sorprenderete sorprenderanno			
CONDIZIONALE	PRESENTE	sorprenderei sorprenderesti sorprenderebbe sorprenderemmo sorprendereste sorprenderebbero			
IMPERATIVO	PRESENTE	sorprendi sorprenda sorprendiamo sorprendete sorprendano			
CONGIUNTIVO	PRESENTE	Pensa	che	io sorprenda tu sorprenda lui (lei, Lei) sorprenda noi sorprendiamo voi sorprendiate loro sorprendano	
	IMPERFETTO	Pensò Pensava Ha pensato	che	io sorprendessi tu sorprendessi lui (lei, Lei) sorprendesse noi sorprendessimo voi sorprendeste loro sorprendessero	

Infinito		SORRIDERE			
INDICATIVO	PRESENTE	sorrido sorridi sorride sorridiamo sorridete sorridono			
	PRE. PRO.	sto	sorridendo		
	IMPERFETTO	sorridevo sorridevi sorrideva sorridevamo sorridevate sorridevano			
	PAS. PROS.	ho	**sorriso**		
	PASSATO REMOTO	**sorrisi** sorridesti **sorrise** sorridemmo sorrideste **sorrisero**			
	FUTURO SEMPLICE	sorriderò sorriderai sorriderà sorrideremo sorriderete sorrideranno			per compiacere ai presenti
CONDIZIONALE	PRESENTE	sorriderei sorrideresti sorriderebbe sorrideremmo sorridereste sorriderebbero			
IMPERATIVO	PRESENTE	sorridi sorrida sorridiamo sorridete sorridano			
CONGIUNTIVO	PRESENTE	Pensa	che	io sorrida tu sorrida lui (lei, Lei) sorrida noi sorridiamo voi sorridiate loro sorridano	
	IMPERFETTO	Pensò Pensava Ha pensato	che	io sorridessi tu sorridessi lui (lei, Lei) sorridesse noi sorridessimo voi sorrideste loro sorridessero	

Infinito		SOSTENERE	
INDICATIVO	PRESENTE	**sostengo** **sostieni** **sostiene** sosteniamo sostenete **sostengono**	un esame impegna- tivo
	PRE. PRO.	sto | sostenendo	
	IMPERFETTO	sostenevo sostenevi sosteneva sostenevamo sostenevate sostenevano	
	PAS. PROS.	ho | sostenuto	
	PASSATO REMOTO	**sostenni** sostenesti **sostenne** sostenemmo sosteneste **sostennero**	
	FUTURO SEMPLICE	**sosterrò** **sosterrai** **sosterrà** **sosterremo** **sosterrete** **sosterranno**	
CONDIZIONALE	PRESENTE	**sosterrei** **sosterresti** **sosterrebbe** **sosterremmo** **sosterreste** **sosterrebbero**	
IMPERATIVO	PRESENTE	**sostieni** **sostenga** sosteniamo sostenete **sostengano**	
CONGIUNTIVO	PRESENTE	Pensa | che | io **sostenga** tu **sostenga** lui (lei, Lei) **sostenga** noi sosteniamo voi sosteniate loro **sostengano**	
	IMPERFETTO	Pensò Pensava Ha pensato | che | io sostenessi tu sostenessi lui (lei, Lei) sostenesse noi sostenessimo voi sosteneste loro sostenessero	

Infinito		SPARGERE	
INDICATIVO	PRESENTE	spargo spargi sparge spargiamo spargete spargono	la notizia ai quattro venti
	PRE. PRO.	sto spargendo	
	IMPERFETTO	spargevo spargevi spargeva spargevamo spergevate spargevano	
	PAS. PROS.	ho **sparso**	
	PASSATO REMOTO	**sparsi** spargesti **sparse** spargemmo spargeste **sparsero**	
	FUTURO SEMPLICE	spargerò spargerai spargerà spargeremo spergerete spargeranno	
CONDIZIONALE	PRESENTE	spargerei spargeresti spargerebbe spargeremmo spargereste spargerebbero	
IMPERATIVO	PRESENTE	spargi sparga spargiamo spargete spargano	
CONGIUNTIVO	PRESENTE	Pensa che io sparga tu sparga lui (lei, Lei) sparga noi spargiamo voi spargiate loro spargano	
	IMPERFETTO	Pensò / Pensava / Ha pensato che io spargessi ti spargessi lui (lei, Lei) spargesse noi spargessimo voi spargeste loro spargessero	

Si coniuga come Spargere: Cospargere

Infinito		SPEGNERE	
INDICATIVO	PRESENTE	**spengo** spegni spegne spegniamo spegnete **spengono**	la televisione
INDICATIVO	PRE. PRO.	sto spegnendo	
INDICATIVO	IMPERFETTO	spegnevo spegnevi spegneva spegnevamo spegnevate spegnevano	
INDICATIVO	PAS. PROS.	ho **spento**	
INDICATIVO	PASSATO REMOTO	**spensi** spegnesti **spense** spegnemmo spegneste **spensero**	
INDICATIVO	FUTURO SEMPLICE	spegnerò spegnerai spegnerà spegneremo spegnerete spegneranno	
CONDIZIONALE	PRESENTE	spegnerei spegneresti spegnerebbe spegneremmo spegnereste spegnerebbero	
IMPERATIVO	PRESENTE	— spegni **spenga** spegniamo spegnete **spengano**	
CONGIUNTIVO	PRESENTE	Pensa che io **spenga** tu **spenga** lui (lei, Lei) **spenga** noi spegniamo voi spegniate loro **spengano**	
CONGIUNTIVO	IMPERFETTO	Pensò / Pensava / Ha pensato che io spegnessi tu spegnessi lui (lei, Lei) spegnesse noi spegnessimo voi spegneste loro spegnessero	

Si coniuga come Spegnere: Spengere.

Infinito		SPENDERE			
INDICATIVO	PRESENTE	spendo spendi spende spendiamo spendete spendono			molti soldi in Italia
	PRE. PRO.	sto	spendendo		
	IMPERFETTO	spendevo spendevi spendeva spendevamo spendevate spendevano			
	PAS. PROS.	ho	**speso**		
	PASSATO REMOTO	**spesi** spendesti **spese** spendemmo spendeste **spesero**			
	FUTURO SEMPLICE	spenderò spenderai spenderà spenderemo spenderete spenderanno			
CONDIZIONALE	PRESENTE	spenderei spenderesti spenderebbe spenderemmo spendereste spenderebbero			
IMPERATIVO	PRESENTE	spendi spenda spendiamo spendete spendano			
CONGIUNTIVO	PRESENTE	Pensa	che	io spenda tu spenda lui (lei, Lei) spenda noi spendiamo voi spendiate loro spendano	
	IMPERFETTO	Pensò Pensava Ha pensato	che	io spendessi tu spendessi lui (lei, Lei) spendesse noi spendessimo voi spendeste loro spendessero	

Infinito		SPINGERE			
INDICATIVO	PRESENTE	spingo spingi spinge spingiamo spingete spingono			
	PRE. PRO.	sto	spingendo		
	IMPERFETTO	spingevo spingevi spingeva spingevamo spingevate spingevano			
	PAS. PROS.	ho	**spinto**		
	PASSATO REMOTO	**spinsi** spingesti **spinse** spingemmo spingeste **spinsero**			
	FUTURO SEMPLICE	spingerò spingerai spingerà spingeremo spingerete spingeranno			avanti la poltrona
CONDIZIONALE	PRESENTE	spingerei spingeresti spingerebbe spingeremmo spingereste spingerebbero			
IMPERATIVO	PRESENTE	spingi spinga spingiamo spingete spingano			
CONGIUNTIVO	PRESENTE	Pensa	che	io spinga tu spinga lui (lei, Lei) spinga noi spingiamo voi spingiate loro spingano	
	IMPERFETTO	Pensò Pensava Ha pensato	che	io spingessi tu spingessi lui (lei, Lei) spingesse noi spingessimo voi spingeste loro spingessero	

Infinito		STARE			
INDICATIVO	PRESENTE	sto **stai** sta stiamo state **stanno**			a casa
	PRE. PRO.	1) –	–		
	IMPERFETTO	stavo stavi stava stavamo stavate stavano			
	PAS. PROS.	sono	stato, a		
	PASSATO REMOTO	**stetti** **stesti** **stette** **stemmo** **steste** **stettero**			
	FUTURO SEMPLICE	**starò** **starai** **starà** **staremo** **starete** **staranno**			
CONDIZIONALE	PRESENTE	**starei** **staresti** **starebbe** **staremmo** **stareste** **starebbero**			
IMPERATIVO	PRESENTE	sta - **(stai - sta')** **stia** stiamo state **stiano**			
CONGIUNTIVO	PRESENTE	Pensa	che	io **stia** tu **stia** lui (lei, Lei) **stia** noi stiamo voi stiate loro **stiano**	
	IMPERFETTO	Pensò Pensava Ha pensato	che	io **stessi** tu **stessi** lui (lei, Lei) **stesse** noi **stessimo** voi **steste** loro **stessero**	

Si coniuga come Stare: Sottostare.
1) Il gerundio è: stando

Infinito		STENDERE			
INDICATIVO	PRESENTE	stendo stendi stende stendiamo stendete stendono			le camicie al sole
	PRE. PRO.	sto	stendendo		
	IMPERFETTO	stendevo stendevi stendeva stendevamo stendevate stendevano			
	PAS. PROS.	ho	**steso**		
	PASSATO REMOTO	**stesi** stendesti **stese** stendemmo stendeste **stesero**			
	FUTURO SEMPLICE	stenderò stenderai stenderà stenderemo stenderete stenderanno			
CONDIZIONALE	PRESENTE	stenderei stenderesti stenderebbe stenderemmo stendereste stenderebbero			
IMPERATIVO	PRESENTE	— stendi stenda stendiamo stendete stendano			
CONGIUNTIVO	PRESENTE	Pensa	che	io stenda tu stenda lui (lei, Lei) stenda noi stendiamo voi stendiate loro stendano	
	IMPERFETTO	Pensò Pensava Ha pensato	che	io stendessi tu stendessi lui (lei, Lei) stendesse noi stendessimo voi stendeste loro stendessero	

Vorrei che ora lui **fosse** qui con me

CONGIUNTIVO DIPENDENTE DAL CONDIZIONALE

<table>
<tr><td rowspan="5">(Ora)</td><td rowspan="5">vorrei
desidererei
mi piacerebbe
sarebbe meglio
sarebbe necessario
occorrerebbe
bisognerebbe</td><td rowspan="5">che</td><td rowspan="5">lui</td><td colspan="2" rowspan="3">...sse</td><td>(ora)</td></tr>
<tr><td>(ogni giorno)</td></tr>
<tr><td>(domani)</td></tr>
<tr><td>avesse</td><td rowspan="2">...ato
...uto
...ito</td><td rowspan="2">(ieri)</td></tr>
<tr><td>fosse</td></tr>
</table>

Vorrei che lui mi telefona**sse** ora

Sarebbe meglio che lui veni**sse** a lezione ogni giorno

Desidererei che lui domani non parti**sse**

Sarebbe necessario che lui ave**sse** studi**ato** di più

<table>
<tr><td rowspan="3">(Ieri)</td><td rowspan="3">avrei voluto
avrei desiderato
mi sarebbe piaciuto
sarebbe stato meglio
sarebbe stato necessario
sarebbe occorso</td><td rowspan="3">che</td><td rowspan="3">lui</td><td colspan="2">...sse</td><td>(ieri)</td></tr>
<tr><td>avesse</td><td rowspan="2">...ato
...uto
...ito</td><td rowspan="2">(l'altro ieri)</td></tr>
<tr><td>fosse</td></tr>
</table>

Avrei voluto che lui face**sse** tutti gli esercizi

Avrei desiderato che mi ave**sse** telefon**ato** prima.

Sarebbe stato necessario che lui fo**sse** and**ato** in segreteria prima di cominciare il corso.

Infinito		STRINGERE			
INDICATIVO	PRESENTE	stringo stringi stringe stringiamo stringete stringono			la mano al nuovo arrivato
	PRE. PRO.	sto	stringendo		
	IMPERFETTO	stringevo stringevi stringeva stringevamo stringevate stringevano			
	PAS. PROS.	ho	**stretto**		
	PASSATO REMOTO	**strinsi** stringesti **strinse** stringemmo stringeste **strinsero**			
	FUTURO SEMPLICE	stringerò stringerai stringerà stringeremo stringerete stringeranno			
CONDIZIONALE	PRESENTE	stringerei stringeresti stringerebbe stringeremmo stringereste stringerebbero			
IMPERATIVO	PRESENTE	stringi stringa stringiamo stringete stringano			
CONGIUNTIVO	PRESENTE	Pensa	che	io stringa tu stringa lui (lei, Lei) stringa noi stringiamo voi stringiate loro stringano	
	IMPERFETTO	Pensò Pensava Ha pensato	che	io stringessi tu stringessi lui (lei, Lei) stringesse noi stringessimo voi stringeste loro stringessero	

Si coniugano come Stringere: Restringere - Ristringere.

<table>
<tr><td colspan="3">Infinito</td><td colspan="4">1) SUCCEDERE</td></tr>
<tr><td rowspan="16">INDICATIVO</td><td rowspan="2">PRESENTE</td><td rowspan="5">mi
ti</td><td colspan="2">succede</td><td colspan="2">raramente di chiedere scusa</td></tr>
<tr><td colspan="2">succedono</td><td colspan="2">sempre fatti strani</td></tr>
<tr><td>PRE. PRO.</td><td colspan="2">sta succedendo</td><td colspan="2">un pò di tutto</td></tr>
<tr><td rowspan="2">IMPERFETTO</td><td colspan="2">succedeva</td><td colspan="2">di non ricordare niente</td></tr>
<tr><td colspan="2">succedevano</td><td colspan="2">sempre fatti nuovi</td></tr>
<tr><td rowspan="4">PASSATO PROSSIMO</td><td rowspan="4">gli
le
Le</td><td rowspan="2">è</td><td>successo</td><td colspan="2">un incidente stradale</td></tr>
<tr><td>successa</td><td colspan="2">una cosa insolita</td></tr>
<tr><td rowspan="2">sono</td><td>successi</td><td colspan="2">episodi incredibili</td></tr>
<tr><td>successe</td><td colspan="2">tante cose negli ultimi tempi</td></tr>
<tr><td rowspan="2">PASSATO REMOTO</td><td rowspan="6">ci
vi
gli</td><td colspan="2">successe</td><td colspan="2">di perdere il portafoglio</td></tr>
<tr><td colspan="2">successero</td><td colspan="2">cose veramente incredibili</td></tr>
<tr><td rowspan="2">FUTURO SEMPLICE</td><td colspan="2">succederà</td><td colspan="2">qualcosa di inatteso</td></tr>
<tr><td colspan="2">succederanno</td><td colspan="2">eventi imprevedibili</td></tr>
</table>

<table>
<tr><td rowspan="2">CONDIZ.</td><td rowspan="2">PRESENTE</td><td>succederebbe</td><td>qualcosa di bello</td></tr>
<tr><td>succederebbero</td><td>degli imprevisti</td></tr>
</table>

<table>
<tr><td rowspan="4">CONGIUNTIVO</td><td rowspan="2">PRESENTE</td><td rowspan="2">Pensa</td><td rowspan="4">che</td><td rowspan="4">mi
ti
gli
le
Le
ci
vi
gli</td><td>succeda</td><td>qualcosa di interessante</td></tr>
<tr><td>succedano</td><td>cose spiacevoli</td></tr>
<tr><td rowspan="2">IMPERFETTO</td><td rowspan="2">Pensava
Pensò
Ha pensato</td><td>succedesse</td><td>qualcosa di nuovo</td></tr>
<tr><td>succedessero</td><td>cose piacevoli</td></tr>
</table>

1) Spesso si usa il verbo impersonale Succedere senza i pronomi indiretti. Es. "Che cosa è successo? Niente di importante".

Infinito		SUPPORRE			
INDICATIVO	PRESENTE	**suppongo** **supponi** **suppone** **supponiamo** **supponete** **suppongono**			
	PRE. PRO.	sto	**supponendo**		
	IMPERFETTO	**supponevo** **supponevi** **supponeva** **supponevamo** **supponevate** **supponevano**			
	PAS. PROS.	ho	**supposto**		
	PASSATO REMOTO	**supposi** **supponesti** **suppose** **supponemmo** **supponeste** **supposero**			
	FUTURO SEMPLICE	**supporrò** **supporrai** **supporrà** **supporremo** **supporrete** **supporranno**			di aver capito tutto
CONDIZIONALE	PRESENTE	**supporrei** **supporresti** **supporrebbe** **supporremmo** **supporreste** **supporrebbero**			
IMPERATIVO	PRESENTE	**supponi** **supponga** **supponiamo** **supponete** **suppongano**			
CONGIUNTIVO	PRESENTE	Pensa	che	io **supponga** tu **supponga** lui (lei, Lei) **supponga** noi **supponiamo** voi **supponiate** loro **suppongano**	
	IMPERFETTO	Pensò Pensava Ha pensato	che	io **supponessi** tu **supponessi** lui (lei, Lei) **supponesse** noi **supponessimo** voi **supponeste** loro **supponessero**	

<table>
<tr><td colspan="3">Infinito</td><td colspan="3">SVENIRE</td></tr>
<tr><td rowspan="7">INDICATIVO</td><td>PRESENTE</td><td colspan="3">svengo
svieni
sviene
sveniamo
svenite
svengono</td><td rowspan="11">per finta</td></tr>
<tr><td>PRE. PRO.</td><td>sto</td><td colspan="2">svenendo</td></tr>
<tr><td>IMPERFETTO</td><td colspan="3">svenivo
svenivi
sveniva
svenivamo
svenivate
svenivano</td></tr>
<tr><td>PAS. PROS.</td><td>sono</td><td colspan="2">svenuto, a</td></tr>
<tr><td>PASSATO REMOTO</td><td colspan="3">svenni
svenisti
svenne
svenimmo
sveniste
svennero</td></tr>
<tr><td>FUTURO SEMPLICE</td><td colspan="3">svenirò
svenirai
svenirà
sveniremo
svenirete
sveniranno</td></tr>
<tr><td colspan="4"></td></tr>
<tr><td>CONDIZIONALE</td><td>PRESENTE</td><td colspan="3">svenirei
sveniresti
svenirebbe
sveniremmo
svenireste
svenirebbero</td></tr>
<tr><td>IMPERATIVO</td><td>PRESENTE</td><td colspan="3">svieni
svenga
sveniamo
svenite
svengano</td></tr>
<tr><td rowspan="2">CONGIUNTIVO</td><td>PRESENTE</td><td>Pensa</td><td>che</td><td>io svenga
tu svenga
lui (lei, Lei) svenga
noi sveniamo
voi sveniate
loro svengano</td></tr>
<tr><td>IMPERFETTO</td><td>Pensò
Pensava
Ha pensato</td><td>che</td><td>io svenissi
tu svenissi
lui (lei, Lei) svenisse
noi svenissimo
voi sveniste
loro svenissero</td></tr>
</table>

<table>
<tr><td colspan="2">Infinito</td><td colspan="3">SVOLGERE</td><td></td></tr>
<tr><td rowspan="7">INDICATIVO</td><td>PRESENTE</td><td colspan="3">svolgo
svolgi
svolge
svolgiamo
svolgete
svolgono</td><td rowspan="12">un difficile tema</td></tr>
<tr><td>PRE. PRO.</td><td>sto</td><td colspan="2">svolgendo</td></tr>
<tr><td>IMPERFETTO</td><td colspan="3">svolgevo
svolgevi
svolgeva
svolgevamo
svolgevate
svolgevano</td></tr>
<tr><td>PAS. PROS.</td><td>ho</td><td colspan="2">svolto</td></tr>
<tr><td>PASSATO REMOTO</td><td colspan="3">svolsi
svolgesti
svolse
svolgemmo
svolgeste
svolsero</td></tr>
<tr><td>FUTURO SEMPLICE</td><td colspan="3">svolgerò
svolgerai
svolgerà
svolgeremo
svolgerete
svolgeranno</td></tr>
<tr><td colspan="4"></td></tr>
<tr><td>CONDIZIONALE</td><td>PRESENTE</td><td colspan="3">svolgerei
svolgeresti
svolgerebbe
svolgeremmo
svolgereste
svolgerebbero</td></tr>
<tr><td>IMPERATIVO</td><td>PRESENTE</td><td colspan="3">—
svolgi
svolga
svolgiamo
svolgete
svolgano</td></tr>
<tr><td rowspan="2">CONGIUNTIVO</td><td>PRESENTE</td><td>Pensa</td><td>che</td><td>io svolga
tu svolga
lui (lei, Lei) svolga
noi svolgiamo
voi svolgiate
loro svolgano</td></tr>
<tr><td>IMPERFETTO</td><td>Pensò
Pensava
Ha pensato</td><td>che</td><td>io svolgessi
tu svolgessi
lui (lei, Lei) svolgesse
noi svolgessimo
voi svolgeste
loro svolgessero</td></tr>
</table>

Infinito		TACERE			
INDICATIVO	PRESENTE	**taccio** taci tace **tacciamo** tacete **tacciono**			
	PRE. PRO.	sto	tacendo		
	IMPERFETTO	tacevo tacevi taceva tacevamo tacevate tacevano			
	PAS. PROS.	ho	**taciuto**		
	PASSATO REMOTO	**tacqui** tacesti **tacque** tacemmo taceste **tacquero**			
	FUTURO SEMPLICE	tacerò tacerai tacerà taceremo tacerete taceranno			per non sbagliare
CONDIZIONALE	PRESENTE	tacerei taceresti tacerebbe taceremmo tacereste tacerebbero			
IMPERATIVO	PRESENTE	taci **taccia** **tacciamo** tacete **tacciano**			
CONGIUNTIVO	PRESENTE	Pensa	che	io **taccia** tu **taccia** lui (lei, Lei) **taccia** noi **tacciamo** voi **tacciate** loro **tacciano**	
	IMPERFETTO	Pensò Pensava Ha pensato	che	io tacessi tu tacessi lui (lei, Lei) tacesse noi tacessimo voi taceste loro tacessero	

Infinito		TENERE	
INDICATIVO	PRESENTE	**tengo** **tieni** **tiene** teniamo tenete **tengono**	il bambino per mano
	PRE. PRO.	sto tenendo	
	IMPERFETTO	tenevo tenevi teneva tenevamo tenevate tenevano	
	PAS. PROS.	ho tenuto	
	PASSATO REMOTO	**tenni** tenesti **tenne** tenemmo teneste **tennero**	
	FUTURO SEMPLICE	**terrò** **terrai** **terrà** **terremo** **terrete** **terranno**	
CONDIZIONALE	PRESENTE	**terrei** **terresti** **terrebbe** **terremmo** **terreste** **terrebbero**	
IMPERATIVO	PRESENTE	**tieni** **tenga** teniamo tenete **tengano**	
CONGIUNTIVO	PRESENTE	Pensa che io **tenga** tu **tenga** lui (lei, Lei) **tenga** noi teniamo voi teniate loro **tengano**	
	IMPERFETTO	Pensò / Pensava / Ha pensato che io tenessi tu tenessi lui (lei, Lei) tenesse noi tenessimo voi teneste loro tenessero	

Si coniugano come Tenere: Contenere - Detenere

Infinito		TOGLIERE			
INDICATIVO	PRESENTE	**tolgo** **togli** toglie **togliamo** togliete **tolgono**			il cappotto dalla sedia
	PRE. PRO.	sto	togliendo		
	IMPERFETTO	toglievo toglievi toglieva toglievamo toglievate toglievano			
	PAS. PROS.	ho	**tolto**		
	PASSATO REMOTO	**tolsi** togliesti **tolse** togliemmo toglieste **tolsero**			
	FUTURO SEMPLICE	toglierò toglierai toglierà toglieremo toglierete toglieranno			
CONDIZIONALE	PRESENTE	toglierei toglieresti toglierebbe toglieremmo togliereste toglierebbero			
IMPERATIVO	PRESENTE	**togli** **tolga** **togliamo** togliete **tolgano**			
CONGIUNTIVO	PRESENTE	Pensa	che	io **tolga** tu **tolga** lui (lei, Lei) **tolga** noi **togliamo** voi **togliate** loro **tolgano**	
	IMPERFETTO	Pensò Pensava Ha pensato	che	io togliessi tu togliessi lui (lei, Lei) togliesse voi togliessimo voi toglieste loro togliessero	

<table>
<tr><th colspan="2">Infinito</th><th colspan="4">TRADURRE</th></tr>
<tr><td rowspan="7">INDICATIVO</td><td>PRESENTE</td><td colspan="3">traduco
traduci
traduce
traduciamo
traducete
traducono</td><td rowspan="11">un
romanzo
inglese</td></tr>
<tr><td>PRE. PRO.</td><td>sto</td><td colspan="2">traducendo</td></tr>
<tr><td>IMPERFETTO</td><td colspan="3">traducevo
traducevi
traduceva
traducevamo
traducevate
traducevano</td></tr>
<tr><td>PAS. PROS.</td><td>ho</td><td colspan="2">tradotto</td></tr>
<tr><td>PASSATO REMOTO</td><td colspan="3">tradussi
traducesti
tradusse
traducemmo
traduceste
tradussero</td></tr>
<tr><td>FUTURO SEMPLICE</td><td colspan="3">tradurrò
tradurrai
tradurrà
tradurremo
tradurrete
tradurranno</td></tr>
<tr><td colspan="4"></td></tr>
<tr><td>CONDIZIONALE</td><td>PRESENTE</td><td colspan="3">tradurrei
tradurresti
tradurrebbe
tradurremmo
tradurreste
tradurrebbero</td></tr>
<tr><td>IMPERATIVO</td><td>PRESENTE</td><td colspan="3">traduci
traduca
traduciamo
traducete
traducano</td></tr>
<tr><td rowspan="2">CONGIUNTIVO</td><td>PRESENTE</td><td>Pensa</td><td>che</td><td>io traduca
tu traduca
lui (lei, Lei) traduca
noi traduciamo
voi traduciate
loro traducano</td></tr>
<tr><td>IMPERFETTO</td><td>Pensò
Pensava
Ha pensato</td><td>che</td><td>io traducessi
tu traducessi
lui (lei, Lei) traducesse
noi traducessimo
voi traduceste
loro traducessero</td></tr>
</table>

Infinito		TRARRE			
INDICATIVO	PRESENTE	**traggo** **trai** **trae** **traiamo** **traete** **traggono**			ispirazione da una storia vera
	PRE. PRO.	sto	**traendo**		
	IMPERFETTO	**traevo** **traevi** **traeva** **traevamo** **traevate** **traevano**			
	PAS. PROS.	ho	**tratto**		
	PASSATO REMOTO	**trassi** **traesti** **trasse** **traemmo** **traeste** **trassero**			
	FUTURO SEMPLICE	**trarrò** **trarrai** **trarrà** **trarremo** **trarrete** **trarranno**			
CONDIZIONALE	PRESENTE	**trarrei** **trarresti** **trarrebbe** **trarremmo** **trarreste** **trarrebbero**			
IMPERATIVO	PRESENTE	**trai** **tragga** **traiamo** **traete** **traggano**			
CONGIUNTIVO	PRESENTE	Pensa	che	io **tragga** tu **tragga** lui (lei, Lei) **tragga** noi **traiamo** voi **traiate** loro **traggano**	
	IMPERFETTO	Pensò Pensava Ha pensato	che	io **traessi** tu **traessi** lui (lei, Lei) **traesse** noi **traessimo** voi **traeste** loro **traessero**	

Si coniugano come Trarre: Attrarre - Contrarre - Detrarre - Distrarre - Estrarre - Protrarre - Ritrarre - Sottrarre.

Infinito		TRASCORRERE			
INDICATIVO	PRESENTE	trascorro trascorri trascorre trascorriamo trascorrete trascorrono			le vacanze al mare
	PRE. PRO.	sto	trascorrendo		
	IMPERFETTO	trascorrevo trascorrevi trascorreva trascorrevamo trascorrevate trascorrevano			
	PAS. PROS.	ho	**trascorso**		
	PASSATO REMOTO	**trascorsi** tascorresti **trascorse** trascorremmo trascorreste **trascorsero**			
	FUTURO SEMPLICE	trascorrerò trascorrerai trascorrerà trascorreremo trascorrerete trascorreranno			
CONDIZIONALE	PRESENTE	trascorrerei trascorreresti trascorrerebbe trascorreremmo trascorrereste trascorrerebbero			
IMPERATIVO	PRESENTE	trascorri trascorra trascorriamo trascorrete trascorranno			
CONGIUNTIVO	PRESENTE	Pensa	che	io trascorra tu trascorra lui (lei, Lei) trascorra noi trascorriamo voi trascorriate loro trascorrano	
	IMPERFETTO	Pensò Pensava Ha pensato	che	io trascorressi tu trascorressi lui (lei, Lei) trascorresse noi trascorressimo voi trascorreste loro trascorressero	

Infinito		TRATTENERE			
INDICATIVO	PRESENTE	**trattengo** **trattieni** **trattiene** tratteniamo trattenete **trattengono**			un amico a cena
	PRE. PRO.	sto	trattenendo		
	IMPERFETTO	trattenevo trattenevi tratteneva trattenevamo trattenevate trattenevano			
	PAS. PROS.	ho	trattenuto		
	PASSATO REMOTO	**trattenni** trattenesti **trattenne** trattenemmo tratteneste **trattennero**			
	FUTURO SEMPLICE	**tratterrò** **tratterrai** **tratterrà** **tratterremo** **tratterrete** **tratterranno**			
CONDIZIONALE	PRESENTE	**tratterrei** **tratterresti** **tratterrebbe** **tratterremmo** **tratterreste** **tratterrebbero**			
IMPERATIVO	PRESENTE	**trattieni** **trattenga** tratteniamo trattenete **trattengano**			
CONGIUNTIVO	PRESENTE	Pensa	che	io **trattenga** tu **trattenga** lui (lei, Lei) **trattenga** noi tratteniamo voi tratteniate loro **trattengano**	
	IMPERFETTO	Pensò Pensava Ha pensato	che	io trattenessi tu trattenessi lui (lei, Lei) trattenesse noi trattenessimo voi tratteneste loro trattenessero	

Si coniuga come Trattenere: Intrattenere.

Infinito		UCCIDERE			
INDICATIVO	PRESENTE	uccido uccidi uccide uccidiamo uccidete uccidono			a sangue freddo
	PRE. PRO.	sto	uccidendo		
	IMPERFETTO	uccidevo uccidevi uccideva uccidevamo uccidevate uccidevano			
	PAS. PROS.	ho	**ucciso**		
	PASSATO REMOTO	**uccisi** uccidesti **uccise** uccidemmo uccideste **uccisero**			
	FUTURO SEMPLICE	ucciderò ucciderai ucciderà uccideremo ucciderete uccideranno			
CONDIZIONALE	PRESENTE	ucciderei uccideresti ucciderebbe uccideremmo uccidereste ucciderebbero			
IMPERATIVO	PRESENTE	uccidi uccida uccidiamo uccidete uccidano			
CONGIUNTIVO	PRESENTE	Pensa	che	io uccida tu uccida lui (lei, Lei) uccida noi uccidiamo voi uccidiate loro uccidano	
	IMPERFETTO	Pensò Pensava Ha pensato	che	io uccidessi tu uccidessi lui (lei, Lei) uccidesse noi uccidessimo voi uccideste loro uccidessero	

Infinito		UDIRE			
INDICATIVO	PRESENTE	**odo** **odi** **ode** udiamo udite **odono**			uno strano rumore
INDICATIVO	PRE. PRO.	sto	udendo		
INDICATIVO	IMPERFETTO	udivo udivi udiva udivamo udivate udivano			
INDICATIVO	PAS. PROS.	ho	udito		
INDICATIVO	PASSATO REMOTO	udii udisti udí udimmo udiste udirono			
INDICATIVO	FUTURO SEMPLICE	udirò udirai udirà udiremo udirete udiranno			
CONDIZIONALE	PRESENTE	udirei udiresti udirebbe udiremmo udireste udirebbero			
IMPERATIVO	PRESENTE	**odi** **oda** udiamo udite **odano**			
CONGIUNTIVO	PRESENTE	Pensa	che	io **oda** tu **oda** lui (lei, Lei) **oda** noi udiamo voi udiate loro **odano**	
CONGIUNTIVO	IMPERFETTO	Pensò Pensava Ha pensato	che	io udissi tu udissi lui (lei, Lei) udisse noi udissimo voi udiste loro udissero	

Infinito		USCIRE			
INDICATIVO	PRESENTE	**esco** **esci** **esce** usciamo uscite **escono**			
	PRE. PRO.	sto	uscendo		
	IMPERFETTO	uscivo uscivi usciva uscivamo uscivate uscivano			
	PAS. PROS.	sono	uscito, a		
	PASSATO REMOTO	uscii uscisti uscí uscimmo usciste uscirono			
	FUTURO SEMPLICE	uscirò uscirai uscirà usciremo uscirete usciranno			per comprare le sigarette
CONDIZIONALE	PRESENTE	uscirei usciresti uscirebbe usciremmo uscireste uscirebbero			
IMPERATIVO	PRESENTE	**esci** **esca** usciamo uscite **escano**			
CONGIUNTIVO	PRESENTE	Pensa	che	io **esca** tu **esca** lui (lei, Lei) **esca** noi usciamo voi usciate loro **escano**	
	IMPERFETTO	Pensò Pensava Ha pensato	che	io uscissi tu uscissi lui (lei, Lei) uscisse noi uscissimo voi usciste loro uscissero	

Infinito		VALERE			
INDICATIVO	PRESENTE	**valgo** vali vale valiamo valete **valgono**			molto
	PRE. PRO.	1) –	–		
	IMPERFETTO	valevo valevi valeva valevamo valevate valevano			
	PAS. PROS.	sono	**valso, a**		
	PASSATO REMOTO	**valsi** valesti **valse** valemmo valeste **valsero**			
	FUTURO SEMPLICE	**varrò** **varrai** **varrà** **varremo** **varrete** **varranno**			
CONDIZIONALE	PRESENTE	**varrei** **varresti** **varrebbe** **varremmo** **varreste** **varrebbero**			
IMPERATIVO	PRESENTE	———			
CONGIUNTIVO	PRESENTE	Pensa	che	io **valga** tu **valga** lui (lei, Lei) **valga** noi valiamo voi valiate loro **valgano**	
	IMPERFETTO	Pensò Pensava Ha pensato	che	io valessi tu valessi lui (lei, Lei) valesse noi valessimo voi valeste loro valessero	

1) Il gerundio è: valendo

Infinito		VEDERE		
INDICATIVO	PRESENTE	vedo vedi vede vediamo vedete vedono		un bel film
	PRE. PRO.	sto	vedendo	
	IMPERFETTO	vedevo vedevi vedeva vedevamo vedevate vedevano		
	PAS. PROS.	ho	**visto** (veduto)	
	PASSATO REMOTO	**vidi** vedesti **vide** vedemmo vedeste **videro**		
	FUTURO SEMPLICE	**vedrò** **vedrai** **vedrà** **vedremo** **vedrete** **vedranno**		
CONDIZIONALE	PRESENTE	**vedrei** **vedresti** **vedrebbe** **vedremmo** **vedreste** **vedrebbero**		
IMPERATIVO	PRESENTE	vedi veda vediamo vedete vedano		
CONGIUNTIVO	PRESENTE	Pensa che	io veda tu veda lui (lei, Lei) veda noi vediamo voi vediate loro vedano	
	IMPERFETTO	Pensò Pensava Ha pensato che	io vedessi tu vedessi lui (lei, Lei) vedesse noi vedessimo voi vedeste loro vedessero	

Si coniugano come Vedere: Intravedere - Rivedere - Stravedere

Infinito		VENIRE			
INDICATIVO	PRESENTE	**vengo** **vieni** **viene** veniamo venite **vengono**			a lezione a piedi
INDICATIVO	PRE. PRO.	sto	venendo		
INDICATIVO	IMPERFETTO	venivo venivi veniva venivamo venivate venivano			
INDICATIVO	PAS. PROS.	sono	**venuto; a**		
INDICATIVO	PASSATO REMOTO	**venni** venisti **venne** venimmo veniste **vennero**			
INDICATIVO	FUTURO SEMPLICE	**verrò** **verrai** **verrà** **verremo** **verrete** **verranno**			
CONDIZIONALE	PRESENTE	**verrei** **verresti** **verrebbe** **verremmo** **verreste** **verrebbero**			
IMPERATIVO	PRESENTE	**vieni** **venga** veniamo venite **vengano**			
CONGIUNTIVO	PRESENTE	Pensa	che	io **venga** tu **venga** lui (lei, Lei) **venga** noi veniamo voi veniate loro **vengano**	
CONGIUNTIVO	IMPERFETTO	Pensò Pensava Ha pensato	che	io venissi tu venissi lui (lei, Lei) venisse noi venissimo voi veniste loro venissero	

Si coniugano come Venire: Divenire - Intervenire - Pervenire - Prevenire (Av.) - Provenire.

Infinito		VINCERE			
INDICATIVO	PRESENTE	vinco vinci vince vinciamo vincete vincono			molto a carte
	PRE. PRO.	sto	vincendo		
	IMPERFETTO	vincevo vincevi vinceva vincevamo vincevate vincevano			
	PAS. PROS.	ho	**vinto**		
	PASSATO REMOTO	**vinsi** vincesti **vinse** vincemmo vinceste **vinsero**			
	FUTURO SEMPLICE	vincerò vincerai vincerà vinceremo vincerete vinceranno			
CONDIZIONALE	PRESENTE	vincerei vinceresti vincerebbe vinceremmo vincereste vincerebbero			
IMPERATIVO	PRESENTE	vinci vinca vinciamo vincete vincano			
CONGIUNTIVO	PRESENTE	Pensa	che	io vinca tu vinca lui (lei, Lei) vinca noi vinciamo voi vinciate loro vincano	
	IMPERFETTO	Pensò Pensava Ha pensato	che	io vincessi tu vincessi lui (lei, Lei) vincesse noi vincessimo voi vinceste loro vincessero	

Si coniugano come Vincere: Rivincere - Stravincere.

Infinito		VIVERE			
INDICATIVO	PRESENTE	vivo vivi vive viviamo vivete vivono			felicemente a Perugia
	PRE. PRO.	sto	vivendo		
	IMPERFETTO	vivevo vivevi viveva vivevamo vivevate vivevano			
	PAS. PROS.	(1)sono	**vissuto**, a		
	PASSATO REMOTO	**vissi** vivesti **visse** vivemmo viveste **vissero**			
	FUTURO SEMPLICE	**vivrò** **vivrai** **vivrà** **vivremo** **vivrete** **vivranno**			
CONDIZIONALE	PRESENTE	**vivrei** **vivresti** **vivrebbe** **vivremmo** **vivreste** **vivrebbero**			
IMPERATIVO	PRESENTE	vivi viva viviamo vivete vivano			
CONGIUNTIVO	PRESENTE	Pensa	che	io viva tu viva lui (lei, Lei) viva noi viviamo voi viviate loro vivano	
	IMPERFETTO	Pensò Pensava Ha pensato	che	io vivessi tu vivessi lui (lei, Lei) vivesse noi vivessimo voi viveste loro vivessero	

Si coniugano come Vivere: Convivere - Sopravvivere
1) Usato transitivamente, Vivere prende l'aus. Avere.
Es.: "In vacanza ho vissuto giorni stupendi".

Infinito		VOLERE			
INDICATIVO	PRESENTE	**voglio** **vuoi** **vuole** **vogliamo** volete **vogliono**			visitare la città
	PRE. PRO.	1) –	–		
	IMPERFETTO	volevo volevi voleva volevamo volevate volevano			
	PAS. PROS.	ho	voluto		
		sono	voluto, a		partire
	PASSATO REMOTO	**volli** volesti **volle** volemmo voleste **vollero**			visitare la città
	FUTURO SEMPLICE	**vorrò** **vorrai** **vorrà** **vorremo** **vorrete** **vorranno**			
CONDIZIONALE	PRESENTE	**vorrei** **vorresti** **vorrebbe** **vorremmo** **vorreste** **vorrebbero**			
IMPERATIVO	PRESENTE	————			
CONGIUNTIVO	PRESENTE	Pensa	che	io **voglia** tu **voglia** lui (lei, Lei) **voglia** noi **vogliamo** voi **vogliate** loro **vogliano**	
	IMPERFETTO	Pensò Pensava Ha pensato	che	io volessi tu volessi lui (lei, Lei) volesse noi volessimo voi voleste loro volessero	1) Il gerundio è volendo

Usato come verbo servile può coniugarsi con l'aus. avere o essere, secondo l'infinito con cui si unisce. Usato in senso assoluto si coniuga con l'ausiliare avere. (es. È venuta Maria alla tua festa? No, non ha voluto).

Infinito		VOLGERE		
INDICATIVO	PRESENTE	volgo volgi volge volgiamo volgete volgono		lo sguardo al cielo
	PRE. PRO.	sto	volgendo	
	IMPERFETTO	volgevo volgevi volgeva volgevamo volgevate volgevano		
	PAS. PROS.	ho	**volto**	
	PASSATO REMOTO	**volsi** volgesti **volse** volgemmo volgeste **volsero**		
	FUTURO SEMPLICE	volgerò volgerai volgerà volgeremo volgerete volgeranno		
CONDIZIONALE	PRESENTE	volgerei volgeresti volgerebbe volgeremmo volgereste volgerebbero		
IMPERATIVO	PRESENTE	volgi volga volgiamo volgete volgano		
CONGIUNTIVO	PRESENTE	Pensa	che	io volga tu volga lui (lei, Lei) volga noi volgiamo voi volgiate loro volgano
	IMPERFETTO	Pensò Pensava Ha pensato	che	io volgessi tu volgessi lui (lei, Lei) volgesse noi volgessimo voi volgeste loro volgessero

Si coniugano come Volgere: Avvolgere - Coinvolgere - Sconvolgere - Stravolgere - Travolgere

Mi dispiace partire,
se ~~**potrei**~~ rimarrei
volentieri

Mi dispiace partire, se **potessi** rimarrei volentieri!

SCHEMA RIASSUNTIVO DEL PERIODO IPOTETICO

<table>
<tr><td rowspan="3">(Ora)</td><td rowspan="3">...rei</td><td rowspan="3">se</td><td colspan="2">...ssi</td><td>(ora)</td></tr>
<tr><td>avessi</td><td rowspan="2">...ato
...uto
...ito</td><td rowspan="2">(ieri)</td></tr>
<tr><td>fossi</td></tr>
</table>

Ora and**rei** al centro se fo**ssi** libero

Ora paghe**rei** l'affitto, se av**essi** ricev**uto** i soldi

Ora sap**rei** fare l'esercizio, se fo**ssi** and**ato** a lezione ieri

<table>
<tr><td rowspan="2">(Ieri)</td><td>avrei</td><td rowspan="2">...ato
...uto
...ito</td><td rowspan="2">se</td><td>avessi</td><td rowspan="2">...ato
...uto
...ito</td><td rowspan="2">(Ieri)</td></tr>
<tr><td>sarei</td><td>fossi</td></tr>
</table>

Ti av**rei** salut**ato** se ti ave**ssi** riconosci**uto**

Sa**rei** ven**uto** alla festa se tu mi ave**ssi** invit**ato**

Infinito		AFFIGGERE		
INDICATIVO	*presente:*	affiggo	affiggi	affigge
		affiggiamo	affiggete	affiggono
	pres. prog.:	sto affiggendo		
	imperfetto:	affiggevo	affiggevi	affiggeva
		affiggevamo	affiggevate	affiggevano
	pass. pross.:	ho **affisso**		
	pass. remoto:	**affissi**	affiggesti	**affisse**
		affiggemmo	affiggeste	**affissero**
	futuro semplice:	affiggerò	affiggerai	affiggerà
		affiggeremo	affiggerete	affiggeranno
CONDIZIONALE:	*presente:*	affiggerei	affiggeresti	affiggerebbe
		affiggeremmo	affiggereste	affiggerebbero
IMPERATIVO	*presente:*	–	affiggi	affigga
		affiggiamo	affiggete	affiggano
CONGIUNTIVO	*presente:*	affigga	affigga	affigga
		affiggiamo	affiggiate	affiggano
	imperfetto:	affiggessi	affiggessi	affiggesse
		affiggessimo	affiggeste	affiggessero

Infinito		AFFLIGGERE		
INDICATIVO	*presente:*	affliggo	affliggi	affligge
		affliggiamo	affliggete	affliggono
	pres. prog.:	sto affliggendo		
	imperfetto:	affliggevo	affliggevi	affliggeva
		affliggevamo	affliggevate	affliggevano
	pass. pross.:	ho **afflitto**		
	pass. remoto:	**afflissi**	affliggesti	**afflisse**
		affliggemmo	affliggeste	**afflissero**
	futuro semplice:	affliggerò	affliggerai	affligerà
		affliggeremo	affliggerete	affliggeranno
CONDIZIONALE:	*presente:*	affliggerei	affliggeresti	affliggerebbe
		affliggeremmo	affliggereste	affliggerebbero
IMPERATIVO:	*presente:*	–	affliggi	affligga
		affliggiamo	affliggete	affliggano
CONGIUNTIVO	*presente:*	affligga	affligga	affligga
		affliggiamo	affliggiate	affliggano
	imperfetto:	affliggessi	affliggessi	affliggesse
		affliggessimo	affliggeste	affliggessero

Infinito		ANNETTERE		
INDICATIVO	*presente:*	annetto	annetti	annette
		annettiamo	annettete	annettono
	pres. prog.:	sto annettendo		
	imperfetto:	annettevo	annettevi	annetteva
		annettevamo	annettevate	annettevano
	pass. pross.:	ho **annesso**		
	pass. remoto:	**annessi**	annettesti	**annesse**
		annettemmo	annetteste	**annessero**
	futuro semplice:	annetterò	annetterai	annetterà
		annetteremo	annetterete	annetteranno
CONDIZIONALE:				
	presente:	annetterei	annetteresti	annetterebbe
		annetteremmo	annettereste	annetterebbero
IMPERATIVO				
	presente:	–	annetti	annetta
		annettiamo	annettete	annettano
CONGIUNTIVO	*presente:*	annetta	annetta	annetta
		annettiamo	annettiate	annettano
	imperfetto:	annettessi	annettessi	annettesse
		annettessimo	annetteste	annettessero

Infinito		ARDERE		
INDICATIVO	*presente:*	ardo	ardi	arde
		ardiamo	ardete	ardono
	pres. prog.:	sto ardendo		
	imperfetto:	ardevo	ardevi	ardeva
		ardevamo	ardevate	ardevano
	pass. pross.:	ho **arso** -	sono **arso/a**	
	pass. remoto:	**arsi**	ardesti	**arse**
		ardemmo	ardeste	**arsero**
	futuro semplice:	arderò	arderai	arderà
		arderemo	arderete	arderanno
CONDIZIONALE:				
	presente:	arderei	arderesti	arderebbe
		arderemmo	ardereste	arderebbero
IMPERATIVO:				
	presente:		ardi	arda
		ardiamo	ardete	ardano
CONGIUNTIVO	*presente:*	arda	arda	arda
		ardiamo	ardiate	ardano
	imperfetto:	ardessi	ardessi	ardesse
		ardessimo	ardeste	ardessero

Infinito		AVVENIRE
INDICATIVO	*presente:*	**avviene** **avvengono**
	pres. prog.:	sta/stanno avvenendo
	imperfetto:	avveniva avvenivano
	pass. pross.:	è avvenuto/a sono avvenuti/e
	pass. remoto:	**avvenne** **avvennero**
	futuro semplice:	**avverrà** **avverranno**
CONDIZIONALE:	*presente:*	**avverrebbe** **avverrebbero**
IMPERATIVO	*presente:*	–
CONGIUNTIVO	*presente:*	**avvenga** **avvengano**
	imperfetto:	avvenisse avvenissero

Infinito		CONSISTERE
INDICATIVO	*presente:*	consiste consistono
	pres. prog.:	(1)
	imperfetto:	consisteva consistevano
	pass. pross.:	è **consistito/a** sono **consistiti/e**
	pass. remoto:	consisté (ette) consisterono (ettero)
	futuro semplice:	consisterà consisteranno
CONDIZIONALE:	*presente:*	consisterebbe consisterebbero
IMPERATIVO:	*presente:*	–
CONGIUNTIVO	*presente:*	consista consistano
	imperfetto:	consistesse consistessero

(1) Il gerundio del verbo consistere è: "consistendo".

Infinito		CUCIRE		
INDICATIVO	*presente:*	**cucio** cuciamo	cuci cucite	cuce **cuciono**
	pres. prog.:	sto cucendo		
	imperfetto:	cucivo cucivamo	cucivi cucivate	cuciva cucivano
	pass. pross.:	ho cucito		
	pass. remòto:	cucii cucimmo	cucisti cuciste	cucì cucirono
	futuro semplice:	cucirò cuciremo	cucirai cucirete	cucirà cuciranno
CONDIZIONALE:	*presente:*	cucirei cuciremmo	cuciresti cucireste	cucirebbe cucirebbero
IMPERATIVO	*presente:*	– cuciamo	cuci cucite	**cucia** **cuciano**
CONGIUNTIVO	*presente:*	**cucia** cuciamo	**cucia** cuciate	**cucia** **cuciano**
	imperfetto:	cucissi cucissimo	cucissi cuciste	cucisse cucissero

Infinito		CUOCERE		
INDICATIVO	*presente:*	**cuocio** cociamo	cuoci cocete	cuoce **cuociono**
	pres. prog.:	sto **cocendo**		
	imperfetto:	**cocevo** **cocevamo**	**cocevi** **cocevate**	**coceva** **cocevano**
	pass. pross.:	ho **cotto**		
	pass. remoto:	**cossi** **cocemmo**	**cocesti** **coceste**	**cosse** **cossero**
	futuro semplice:	**cocerò** **coceremo**	**cocerai** **cocerete**	**cocerà** **coceranno**
CONDIZIONALE:	*presente:*	**cocerei** **coceremmo**	**coceresti** **cocereste**	**cocerebbe** **cocerebbero**
IMPERATIVO:	*presente:*	– **cociamo**	cuoci **cocete**	**cuocia** **cuociano**
CONGIUNTIVO	*presente:*	**cuocia** cociamo	**cuocia** **cociate**	**cuocia** **cuociano**
	imperfetto:	**cocessi** **cocessimo**	**cocessi** **coceste**	**cocesse** **cocessero**

Infinito		DECORRERE
INDICATIVO	*presente:*	decorre decorrono
	pres. prog.:	sta/stanno decorrendo
	imperfetto:	decorreva decorrevano
	pass. pross.:	è **decorso/a** sono **decorsi/e**
	pass. remoto:	**decorse** **decorsero**
	futuro semplice:	decorrerà decorreranno
CONDIZIONALE:	*presente:*	decorrerebbe decorrerebbero
IMPERATIVO	*presente:*	–
CONGIUNTIVO	*presente:*	decorra decorrano
	imperfetto:	decorresse decorressero

Infinito		DECRESCERE
INDICATIVO	*presente:*	decresce decrescono
	pres. prog.:	sta/stanno decrescendo
	imperfetto:	decresceva decrescevano
	pass. pross.:	è **decresciuto/a** sono **decresciuti/e**
	pass. remoto:	**decrebbe** **decrebbero**
	futuro semplice:	decrescerà decresceranno
CONDIZIONALE:	*presente:*	decrescerebbe decrescerebbero
IMPERATIVO:	*presente:*	–
CONGIUNTIVO	*presente:*	decresca decrescano
	imperfetto:	decrescesse decrescessero

Infinito		DEVOLVERE		
INDICATIVO	*presente:*	devolvo	devolvi	devolve
		devolviamo	devolvete	devolvono
	pres. prog.:	sto devolvendo		
	imperfetto:	devolvevo	devolvevi	devolveva
		devolvevamo	devolvevate	devolvevano
	pass. pross.:	ho **devoluto**		
	pass. remoto:	**devolsi**	devolvesti	**devolse**
		devolvemmo	devolveste	**devolsero**
	futuro semplice:	devolverò	devolverai	devolverà
		devolveremo	devolverete	devolveranno
CONDIZIONALE:	*presente:*	devolverei	devolveresti	devolverebbe
		devolveremmo	devolvereste	devolverebbero
IMPERATIVO	*presente:*	–	devolvi	devolva
		devolviamo	devolvete	devolvano
CONGIUNTIVO	*presente:*	devolva	devolva	devolva
		devolviamo	devolviate	devolvano
	imperfetto:	devolvessi	devolvessi	devolvesse
		devolvessimo	devolveste	devolvessero

Infinito		DOLERSI		
INDICATIVO	*presente:*	mi **dolgo**	ti **duoli**	si **duole**
		ci **dogliamo**	vi dolete	si **dolgono**
	pres. prog.:	mi sto dolendo		
	imperfetto:	mi dolevo	ti dolevi	si doleva
		ci dolevamo	vi dolevate	si dolevano
	pass. pross.:	mi è doluto		
	pass. remoto:	mi **dolsi**	ti dolesti	si **dolse**
		ci dolemmo	vi doleste	si **dolsero**
	futuro semplice:	mi **dorrò**	ti **dorrai**	si **dorrà**
		ci **dorremo**	vi **dorrete**	si **dorranno**
CONDIZIONALE:	*presente:*	mi **dorrei**	ti **dorresti**	si **dorrebbe**
		ci **dorremmo**	vi **dorreste**	si **dorrebbero**
IMPERATIVO:	*presente:*	–	**duoli**ti	si **dolga**
		dogliamoci	**dolete**vi	si **dolgano**
CONGIUNTIVO	*presente:*	mi **dolga**	ti **dolga**	si **dolga**
		ci **dogliamo**	vi **dogliate**	si **dolgano**
	imperfetto:	mi dolessi	ti dolessi	si dolesse
		ci dolessimo	vi doleste	si dolessero

Infinito		ECCELLERE		
INDICATIVO	*presente:*	eccello eccelliamo	eccelli eccellete	eccelle eccellono
	pres. prog.:	sto eccellendo		
	imperfetto:	eccellevo eccellevamo	eccellevi eccellevate	eccelleva eccellevano
	pass. pross.:	ho **eccelso**	sono **eccelso/a**	
	pass. remoto:	**eccelsi** eccellemmo	eccellesti eccelleste	**eccelse** **eccelsero**
	futuro semplice:	eccellerò eccelleremo	eccellerai eccellerete	eccellerà eccelleranno
CONDIZIONALE:	*presente:*	eccellerei eccelleremmo	eccelleresti eccellereste	eccellerebbe eccellerebbero
IMPERATIVO	*presente:*	– eccelliamo	eccelli eccellete	eccella eccellano
CONGIUNTIVO	*presente:*	eccella eccelliamo	eccella eccelliate	eccella eccellano
	imperfetto:	eccellessi eccellessimo	eccellessi eccelleste	eccellesse eccellessero

Infinito		ESIGERE		
INDICATIVO	*presente:*	esigo esigiamo	esigi esigete	esige esigono
	pres. prog.:	sto esigendo		
	imperfetto:	esigevo esigevamo	esigevi esigevate	esigeva esigevano
	pass. pross.:	– (1)		
	pass. remoto:	esigei(etti) esigemmo	esigesti esigeste	esigé(ette) esigerono(ettero)
	futuro semplice:	esigerò esigeremo	esigerai esigerete	esigerà esigeranno
CONDIZIONALE:	*presente:*	esigerei esigeremmo	esigeresti esigereste	esigerebbe esigerebbero
IMPERATIVO:	*presente:*	– esigiamo	esigi esigete	esiga esigano
CONGIUNTIVO	*presente:*	esiga esigiamo	esiga esigiate	esiga esigano
	imperfetto:	esigessi esigessimo	esigessi esigeste	esigesse esigessero

*(1) Il participio passato **esatto** si usa in espressioni come "Somma ancora non esatta" cioè non riscossa, o "esatte lire 50.000 per quota d'abbonamento".*

Infinito		ESPELLERE		
INDICATIVO	*presente:*	espello	espelli	espelle
		espelliamo	espellete	espellono
	pres. prog.:	sto espellendo		
	imperfetto:	espellevo	espellevi	espelleva
		espellevamo	espellevate	espellevano
	pass. pross.:	ho **espulso**		
	pass. remoto:	**espulsi**	espellesti	**espulse**
		espellemmo	espelleste	**espulsero**
	futuro semplice:	espellerò	espellerai	espellerà
		espelleremo	espellerete	espelleranno
CONDIZIONALE:	*presente:*	espellerei	espelleresti	espellerebbe
		espelleremmo	espellereste	espellerebbero
IMPERATIVO	*presente:*	–	espelli	espella
		espelliamo	espellete	espellano
CONGIUNTIVO	*presente:*	espella	espella	espella
		espelliamo	espelliate	espellano
	imperfetto:	espellessi	espellessi	espellesse
		espellessimo	espelleste	espellessero

Infinito		IMBEVERE		
INDICATIVO	*presente:*	imbevo	imbevi	imbeve
		imbeviamo	imbevete	imbevono
	pres. prog.:	sto imbevendo		
	imperfetto:	imbevevo	imbevevi	imbeveva
		imbevevamo	imbevevate	imbevevano
	pass. pross.:	ho imbevuto		
	pass. remoto:	**imbevvi**	imbevesti	**imbevve**
		imbevemmo	imbeveste	**imbevvero**
	futuro semplice:	**imberrò**	**imberrai**	**imberrà**
		imberremo	**imberrete**	**imberranno**
CONDIZIONALE:	*presente:*	**imberrei**	**imberresti**	**imberrebbe**
		imberremmo	**imberreste**	**imberrebbero**
IMPERATIVO:	*presente:*	–	imbevi	imbeva
		imbeviamo	imbevete	imbevano
CONGIUNTIVO	*presente:*	imbeva	imbeva	imbeva
		imbeviamo	imbeviate	imbevano
	imperfetto:	imbevessi	imbevessi	imbevesse
		imbevessimo	imbeveste	imbevessero

Infinito		INDULGERE		
INDICATIVO	*presente:*	indulgo	indulgi	indulge
		indulgiamo	indulgete	indulgono
	pres. prog.:	sto indulgendo		
	imperfetto:	indulgevo	indulgevi	indulgeva
		indulgevamo	indulgevate	indulgevano
	pass. pross.:	ho indulto		
	pass. remoto:	**indulsi**	indulgesti	**indulse**
		indulgemmo	indulgeste	**indulsero**
	futuro semplice:	indulgerò	indulgerai	indulgerà
		indulgeremo	indulgerete	indulgeranno
CONDIZIONALE:	*presente:*	indulgerei	indulgeresti	indulgerebbe
		indulgeremmo	indulgereste	indulgerebbero
IMPERATIVO	*presente:*	–	indulgi	indulga
		indulgiamo	indulgete	indulgano
CONGIUNTIVO	*presente:*	indulga	indulga	indulga
		indulgiamo	indulgiate	indulgano
	imperfetto:	indulgessi	indulgessi	indulgesse
		indulgessimo	indulgeste	indulgessero

Infinito		INFERIRE		
INDICATIVO	*presente:*	inferisco	inferisci	inferisce
		inferiamo	inferite	inferiscono
	pres. prog.:	sto inferendo		
	imperfetto:	inferivo	inferivi	inferiva
		inferivamo	inferivate	inferivano
	pass. pross.:	ho **inferto**		
	pass. remoto:	**infersi**	inferisti	**inferse**
		inferimmo	inferiste	**infersero**
	futuro semplice:	inferirò	inferirai	inferirà
		inferiremo	inferirete	inferiranno
CONDIZIONALE:	*presente:*	inferirei	inferiresti	inferirebbe
		inferiremmo	inferireste	inferirebbero
IMPERATIVO:	*presente:*	–	inferisci	inferisca
		inferiamo	inferite	inferiscano
CONGIUNTIVO	*presente:*	inferisca	inferisca	inferisca
		inferiamo	inferiate	inferiscano
	imperfetto:	inferissi	inferissi	inferisse
		inferissimo	inferiste	inferissero

Infinito		INTERCORRERE
INDICATIVO	*presente:*	intercorre intercorrono
	pres. prog.:	sta/stanno intercorrendo
	imperfetto:	intercorreva intercorrevano
	pass. pross.:	è **intercorso/a** sono **intercorsi/e**
	pass. remoto:	**intercorse** **intercorsero**
	futuro semplice:	intercorrerà intercorreranno
CONDIZIONALE:	*presente:*	intercorrerebbe intercorrerebbero
IMPERATIVO	*presente:*	–
CONGIUNTIVO	*presente:*	intercorra intercorrano
	imperfetto:	intercorresse intercorressero

Infinito		LEDERE		
INDICATIVO	*presente:*	ledo lediamo	ledi ledete	lede ledono
	pres. prog.:	sto ledendo		
	imperfetto:	ledevo ledevamo	ledevi ledevate	ledeva ledevano
	pass. pross.:	ho **leso**		
	pass. remoto:	**lesi** ledemmo	ledesti ledeste	**lese** **lesero**
	futuro semplice:	lederò lederemo	lederai lederete	lederà lederanno
CONDIZIONALE:	*presente:*	lederei lederemmo	lederesti ledereste	lederebbe lederebbero
IMPERATIVO	*presente:*	– lediamo	ledi ledete	leda ledano
CONGIUNTIVO	*presente:*	leda lediamo	leda lediate	leda ledano
	imperfetto:	ledessi ledessimo	ledessi ledeste	ledesse ledessero

Infinito		MESCERE		
INDICATIVO	*presente:*	mesco	mesci	mesce
		mesciamo	mescete	mescono
	pres. prog.:	sto mescendo		
	imperfetto:	mescevo	mescevi	mesceva
		mescevamo	mescevate	mescevano
	pass. pross.:	ho **mesciuto**		
	pass. remoto:	mescei	mescesti	mescé
		mescemmo	mesceste	mescerono
	futuro semplice:	mescerò	mescerai	mescerà
		mesceremo	mescerete	mesceranno
CONDIZIONALE:	*presente:*	mescerei	mesceresti	mescerebbe
		mesceremmo	mescereste	mescerebbero
IMPERATIVO:	*presente:*	–	mesci	mesca
		mesciamo	mescete	mescano
CONGIUNTIVO	*presente:*	mesca	mesca	mesca
		mesciamo	mesciate	mescano
	imperfetto:	mescessi	mescessi	mescesse
		mescessimo	mesceste	mescessero

Infinito		MORDERE		
INDICATIVO	*presente:*	mordo	mordi	morde
		mordiamo	mordete	mordono
	pres. prog.:	sto mordendo		
	imperfetto:	mordevo	mordevi	mordeva
		mordevamo	mordevate	mordevano
	pass. pross.:	ho **morso**		
	pass. remoto:	**morsi**	mordesti	**morse**
		mordemmo	mordeste	**morsero**
	futuro semplice:	morderò	morderai	morderà
		morderemo	morderete	morderanno
CONDIZIONALE:	*presente:*	morderei	morderesti	morderebbe
		morderemmo	mordereste	morderebbero
IMPERATIVO	*presente:*	–	mordi	morda
		mordiamo	mordete	mordano
CONGIUNTIVO	*presente:*	morda	morda	morda
		mordiamo	mordiate	mordano
	imperfetto:	mordessi	mordessi	mordesse
		mordessimo	mordeste	mordessero

Infinito		NUOCERE		
INDICATIVO	*presente:*	**noccio**	nuoci	nuoce
		nociamo	**nocete**	**nocciono**
	pres. prog.:	sto **nocendo**		
	imperfetto:	**nocevo**	**nocevi**	**noceva**
		nocevamo	**nocevate**	**nocevano**
	pass. pross.:	ho **nociuto**		
	pass. remoto:	**nocqui**	**nocesti**	**nocque**
		nocemmo	**noceste**	**nocquero**
	futuro semplice:	**nocerò**	**nocerai**	**nocerà**
		noceremo	**nocerete**	**noceranno**
CONDIZIONALE:	*presente:*	**nocerei**	**noceresti**	**nocerebbe**
		noceremmo	**nocereste**	**nocerebbero**
IMPERATIVO:	*presente:*	–	nuoci	**noccia**
		nociamo	**nocete**	**nocciano**
CONGIUNTIVO	*presente:*	**noccia**	**noccia**	**noccia**
		nociamo	**nociate**	**nocciano**
	imperfetto:	**nocessi**	**nocessi**	**nocesse**
		nocessimo	**noceste**	**nocessero**

Infinito		REDIGERE		
INDICATIVO	*presente:*	redigo	redigi	redige
		redigiamo	redigete	redigono
	pres. prog.:	sto redigendo		
	imperfetto:	redigevo	redigevi	redigeva
		redigevamo	redigevate	redigevano
	pass. pross.:	ho **redatto**		
	pass. remoto:	**redassi**	redigesti	**redasse**
		redigemmo	redigeste	**redassero**
	futuro semplice:	redigerò	redigerai	redigerà
		redigeremo	redigerete	redigeranno
CONDIZIONALE:	*presente:*	redigerei	redigeresti	redigerebbe
		redigeremmo	redigereste	redigerebbero
IMPERATIVO	*presente:*	–	redigi	rediga
		redigiamo	redigete	redigano
CONGIUNTIVO	*presente:*	rediga	rediga	rediga
		redigiamo	redigiate	redigano
	imperfetto:	redigessi	redigessi	redigesse
		redigessimo	redigeste	redigessero

Infinito		REDIMERE		
INDICATIVO	*presente:*	redimo	redimi	redime
		redimiamo	redimete	redimono
	pres. prog.:	sto redimendo		
	imperfetto:	redimevo	redimevi	redimeva
		redimevamo	redimevate	redimevano
	pass. pross.:	ho **redento**		
	pass. remoto:	**redensi**	redimesti	**redense**
		redimemmo	redimeste	**redensero**
	futuro semplice:	redimerò	redimerai	redimerà
		redimeremo	redimerete	redimeranno
CONDIZIONALE:	*presente:*	redimerei	redimeresti	redimerebbe
		redimeremmo	redimereste	redimerebbero
IMPERATIVO:	*presente:*	–	redimi	redima
		redimiamo	redimete	redimano
CONGIUNTIVO	*presente:*	redima	redima	redima
		redimiamo	redimiate	redimano
	imperfetto:	redimessi	redimessi	redimesse
		redimessimo	redimeste	redimessero

Infinito		RINCRESCERE
INDICATIVO	*presente:*	rincresce
	pres. prog.:	sta rincrescendo
	imperfetto:	rincresceva
	pass. pross.:	è **rincresciuto**
	pass. remoto:	**rincrebbe**
	futuro semplice:	rincrescerà
CONDIZIONALE:	*presente:*	rincrescerebbe
IMPERATIVO:	*presente:*	–
CONGIUNTIVO	*presente:*	rincresca
	imperfetto:	rincrescesse

Infinito		RODERE		
INDICATIVO	*presente:*	rodo rodiamo	rodi rodete	rode rodono
	pres. prog.:	sto rodendo		
	imperfetto:	rodevo rodevamo	rodevi rodevate	rodeva rodevano
	pass. pross.:	ho **roso**		
	pass. remoto:	**rosi** rodemmo	rodesti rodeste	**rose** **rosero**
	futuro semplice:	roderò roderemo	roderai roderete	roderà roderanno
CONDIZIONALE:	*presente:*	roderei roderemmo	roderesti rodereste	roderebbe roderebbero
IMPERATIVO	*presente:*	– rodiamo	rodi rodete	roda rodano
CONGIUNTIVO	*presente:*	roda rodiamo	roda rodiate	roda rodano
	imperfetto:	rodessi rodessimo	rodessi rodeste	rodesse rodessero

Infinito		SCINDERE		
INDICATIVO	*presente:*	scindo scindiamo	scindi scindete	scinde scindono
	pres. prog.:	sto scindendo		
	imperfetto:	scindevo scindevamo	scindevi scindevate	scindeva scindevano
	pass. pross.:	ho **scisso**		
	pass. remoto:	**scissi** scindemmo	scindesti scindeste	**scisse** **scissero**
	futuro semplice:	scinderò scinderemo	scinderai scinderete	scinderà scinderanno
CONDIZIONALE:	*presente:*	scinderei scinderemmo	scinderesti scindereste	scinderebbe scinderebbero
IMPERATIVO:	*presente:*	– scindiamo	scindi scindete	scinda scindano
CONGIUNTIVO	*presente:*	scinda scindiamo	scinda scindiate	scinda scindano
	imperfetto:	scindessi scindessimo	scindessi scindeste	scindesse scindessero

Infinito		SCUOTERE		
INDICATIVO	*presente:*	scuoto	scuoti	scuote
		scuotiamo	scuotete	scuotono
	pres. prog.:	sto scuotendo		
	imperfetto:	scuotevo	scuotevi	scuoteva
		scuotevamo	scuotevate	scuotevano
	pass. pross.:	ho **scosso**		
	pass. remoto:	**scossi**	scuotesti	**scosse**
		scuotemmo	scuoteste	**scossero**
	futuro semplice:	scuoterò	scuoterai	scuoterà
		scuoteremo	scuoterete	scuoteranno
CONDIZIONALE:	*presente:*	scuoterei	scuoteresti	scuoterebbe
		scuoteremmo	scuotereste	scuoterebbero
IMPERATIVO	*presente:*	–	scuoti	scuota
		scuotiamo	scuotete	scuotano
CONGIUNTIVO	*presente:*	scuota	scuota	scuota
		scuotiamo	scuotiate	scuotano
	imperfetto:	scuotessi	scuotessi	scuotesse
		scuotessimo	scuoteste	scuotessero

Infinito		SPANDERE		
INDICATIVO	*presente:*	spando	spandi	spande
		spandiamo	spandete	spandono
	pres. prog.:	sto spandendo		
	imperfetto:	spandevo	spandevi	spandeva
		spandevamo	spandevate	spandevano
	pass. pross.:	ho **spanto**		
	pass. remoto:	spandei	spandesti	spandé
		spandemmo	spandeste	spanderono
	futuro semplice:	spanderò	spanderai	spanderà
		spanderemo	spanderete	spanderanno
CONDIZIONALE:	*presente:*	spanderei	spanderesti	spanderebbe
		spanderemmo	spandereste	spanderebbero
IMPERATIVO:	*presente:*	–	spandi	spanda
		spandiamo	spandete	spandano
CONGIUNTIVO	*presente:*	spanda	spanda	spanda
		spandiamo	spandiate	spandano
	imperfetto:	spandessi	spandessi	spandesse
		spandessimo	spandeste	spandessero

Infinito		TORCERE		
INDICATIVO	*presente:*	torco	torci	torce
		torciamo	torcete	torcono
	pres. prog.:	sto torcendo		
	imperfetto:	torcevo	torcevi	torceva
		torcevamo	torcevate	torcevano
	pass. pross.:	ho **torto**		
	pass. remoto:	**torsi**	torcesti	**torse**
		torcemmo	torceste	**torsero**
	futuro semplice:	torcerò	torcerai	torcerà
		torceremo	torcerete	torceranno
CONDIZIONALE:				
	presente:	torcerei	torceresti	torcerebbe
		torceremmo	torcereste	torcerebbero
IMPERATIVO				
	presente:	–	torci	torca
		torciamo	torcete	torcano
CONGIUNTIVO	*presente:*	torca	torca	torca
		torciamo	torciate	torcano
	imperfetto:	torcessi	torcessi	torcesse
		torcessimo	torceste	torcessero

ELENCO
VERBI
PRESENTATI

ELENCO DEI VERBI PRESENTATI

A

B

C

D

E

L

R

S

T

INDICE